Lucas Jennis

Wasserstein der Weisen

Lucas Jennis

Wasserstein der Weisen

ISBN/EAN: 9783742890313

Hergestellt in Europa, USA, Kanada, Australien, Japan

Cover: Foto ©ninafisch / pixelio.de

Manufactured and distributed by brebook publishing software
(www.brebook.com)

Lucas Jennis

Wasserstein der Weisen

Wasserstein der Weisen,

oder

Chymisches Tractätlein,

Darinn

der Weg gezeiget, die Materia genennet, und der Proceß beschrieben wird, zu
dem hohen Geheimniß der Universal-Tinctur
zu kommen;

dabey auch zwey sehr nützliche andere Büchlein der Gleichförmigkeit und Concordanz
wegen angehängt:

I. Johann von Meßung.

II. Via veritatis, Weg der einigen Wahrheit.

Vormahlen durch

LUCAS JENNIS

ausgegeben,

Nunmehro aber wiederum neu aufgelegt,
und noch dabey gefüget zwey Responsa

von dem

F. R. C.

so an etlichen ihro Zugethanen abgefertiget.

Frankfurt und Leipzig,
in der Fleischerischen Buchhandlung, 1760.

Vorrede
an den günstigen Leser.

ielgeliebter Leser! Dieweil das Tractätlein, Wasser-stein der Weisen ge-nannt, nicht mehr vor-handen, und mittlerzeit viel Nachfra-gens deßwegen gewest, mir auch etliche Liebhaber, daß ich selbiges wiederum auflegen und drucken lassen solle, ange-legen; Insonderheit, weil der seel. Ja-cob Böhm, sonsten Teutonicus Philoso-phus genannt, solches in seinen Schriff-ten etlichen seiner guten Bekandten zu lesen recommendiret, als darinnen sie finden würden, das zu ihrem Begeh-ren dienlich: So habe um der Ursache

A 3   willen,

willen, der ich ohne das meinem Nach=
ften, wo ich spüren kan, daß zu dem ge=
meinen Nutzen gereichen thut, zu die=
nen geneigt bin, mich hiezu endlich bewe=
gen lassen, und zu dem Ende noch zwey
philosophische Briefe, so mir unlängst
zu Handen kommen, und aus einem ur=
alten Manuscripto gezogen, hier beyfü=
gen, und meine Dienstwilligkeit damit
mehrers bezeigen wollen, angesehen sie
nicht allein von dergleichen Materien
seynd, sondern auch ihre inhaltende Mey=
nung so klar und verständlich entdecken,
daß selbige fast mit Händen zu greiffen,
insonderheit wann in acht genommen
und gemercket wird, wie im vierdten
vers. des ersten Briefs gemeldet, nem=
lichen: Sie meynen, man würde sie
das Gold auf alchymistische Wei=
se lehren kochen; es ist viel ein an=
derst, als es öffters verstanden wird, ich
habe viel davon reden hören, und auch
die grosse Menge Bücher, darüber ge=
schrieben, zum Theil gesehen, mich deß=
wegen verwundert, daß nachdeme so
vielfältige Auslegungen und Erklärun=
gen in Druck und ans Tages=Licht kom=
men,

men, und doch biß dato faſt niemand,
oder ſehr wenig, die es begriffen, geſun=
den worden: Wiewohl ich von der ed=
len Kunſt nicht viel ſchreiben kan, ſo ha=
be ich doch aus Mitleyden allhier, an
ſtatt einer Vorrede, meiner Einfalt
nach, eine Erinnerung und Warnung
thun wollen;. Zwar nicht ich, ſondern
unſer HErr und Heyland JESus Chri=
ſtus, warnet ſelbſten, und ſpricht beym
Evangeliſten Matthäo Cap. 6. verſ. 33.
Trachtet am erſten nach dem
Reich Gottes und nach ſeiner Ge=
rechtigkeit, ſo wird euch das ande=
re alles zufallen. Item, beym ſelben
Evangeliſten Cap. 7. verſ. 7. Bittet, ſo
wird euch gegeben; Suchet, ſo
werdet ihr finden; Klopffet an, ſo
wird euch aufgethan. Aber auch ſa=
get Er bey dem Evangeliſten Johanne
Cap. 16. verſ. 24. Warlich, warlich,
ich ſage euch, ſo ihr den Vater et=
was bitten werdet, in meinem
Namen, ſo wird ers euch geben.
Derohalben, ſo wir, wie biß dato, allein

um das Zeitliche und Leibliche, das ist,
um Gold, Reichthum, Ehre dieser Welt
oder grosse Gaben und dergleichen, bit=
ten, und nicht das Himmlische und Ewi=
ge zuforderst, nemlich das Reich Got=
tes, zu suchen uns bemühen werden, meh=
rers nicht, als wir bißhero erfahren ha=
ben, erlangen: Dann, können wir die
Gabe oder Talent, das uns der gütige
GOtt bereits gegeben hat, nicht recht zu
seinen Ehren und zu unserm selbst eigenen
Nußen anwenden, warum soll Er uns
dann nach unserm Begehren noch mehr
darreichen? Was solten oder würden
wir damit thun? Anders nichts, als daß
wir die schöne Rosen und köstliche Per=
len-Gaben unter der wütenden Schwei=
ne Füssen würden fallen lassen, die es
dann nur zertretten und uns darzu et=
wan zerreissen möchten.   Also ist der
barmhertzige Vater uns noch so gnädig,
daß er uns dafür bewahret, daß uns sol=
ches nicht wiederfähret, er ist ein Allwis=
sender, der wohl weiß, wie, was und
wann er uns etwas geben soll, wiewohl
wir es nicht alleweg mercken und verste=
hen wollen, wie die Kinder, die ein
Messer begehren, und wissen nicht, daß
                                                        es

es ihnen so schädlich und gefährlich ist:
Derohalben lasset uns zufrieden seyn
mit demjenigen, das einem jeglichen ge=
geben ist, lasset uns nur solches wohl in=
niglich lernen kennen, und hernacher
recht anlegen, damit Wucher treiben,
auf daß wir nicht einmahl wie der fau=
le unnütze Knecht erfunden werden, der
sein Talent in ein Schweiß=Tuch ver=
wahret, und nicht angelegt hat, wie
bey dem Evangelisten Luca Cap. 19.
vers. 24. zu ersehen ist, deme das weni=
ge auch abgenommen und dem gegeben
ward, der seines recht gebraucht hatte;
darum sollen wir sein aller gemach ge=
hen, und mit dem wenigen getreu und
fleißig seyn, so wird uns alsdann mehr
zufallen, und vertrauet werden. Wann
wir deßwegen angezeigten guten Rath
unsers Ductoris, und HERRN JEsu
CHRJSTJ, dahin uns F. R. C. im
vierzehenden vers. seines ersten Briefs
weiset, folgen, so wird es alles, wofern
es uns je ein rechter Ernst ist, und nicht
vielmehr unserm schändlichen Geitz ein
Genügen zu thun gemeynt seynd, wohl
ergehen; Auch täglich an Verstand
und Weisheit GOttes wachsen und

A 5   zu=

zunehmen, und durch die Klarheit seines ewigen Lichts den Weg und Zweck, so zu unserm Besten und ewigen Seligkeit uns leitet, sehen und erkennen. Darzu dann daß jedwedem der allein weise und allgegenwärtige GOTT beständigen Willen, Lust und Begierde, geben und verleihen wolle, wünschet zum bevorstehenden neuen Jahr

des Lesers

Gegeben am Christ-Abend
Anno 1660.

Dienstwilligster

C. L. B.

Vor-

Vor-Erinnerung auf folgende
philosophische Schrifften.

Ob gleich vor viel hundert Jahren hero, bis
auf gegenwärtige Zeit, eine fast grosse
Menge Bücher, in welchen die wahre philosophische Weisheit, und geheimste Geheimnüssen
der Natur und des Universal-Steins der Weisen enthalten, unterwiesen, und auch geoffenbahret worden, herfür kommen, so hat es doch
darum diese Meynung gar nicht, als ob zu Er-
lang- oder Erlernung solcher Wissenschafft und
Kunst der begierige Sucher und Nachjager
mit solcher Vielheit Schrifften, selbige zu durch-
lesen, sich beladen müste, oder die Kunst solche
nothwendig erforderte; Sintemahlen in vielen
unter denselbigen, gleich ob es alles leicht und
gering zu fassen, die gantze Kunst kindisch, auch
in wenig Zeilen, ja in wenig Worten zu begreiffen, und zu erkennen zu geben wäre, (welches
jedoch in seinem gewissen Verstand wohl angenommen, und auch widersprochen werden mag)
ausdrücklich gelehret und angezeiget worden.
Und zwar so viel den Ursprung und ersten Anfang dieses alles belangt, so ist derselbige nur
ein einiger, gantz einfältig und schlecht, der in
mehr nicht, als einem einigen von GOtt, durch
die Natur, in alle obere und untere Dinge gesetz-
ten Puncten beruhet; Wer diesen erkennet und
ins Gesicht bekommt, der weiß unter so viel
Scheid- und Irrwegen, die sich hierum befinden,

den, den rechten zu erwehlen, und hat die Mög-
lichkeit, wo er in selbigen Schrancken bleibt,
und darinn als einer ohnfehlbahren Richtschnur
fortwandelt, endlich in den Garten der Hespe-
ridum ohngehindert zu kommen, und das vorge-
setzte Ziel glücklich zu erlangen; Da hingegen
der von diesem Mittel-Weg Abweichende, und
das Centrum in der Circumferentz Suchende, in
einen gefährlichen Labyrinth geräth, je mehr
und mehr darinnen verirret, endlich die Wieder-
kehrungs-Spur gar verlieret, und damit sich und
andere in grosses Unheil führet; "Und dieses ist
„eben der Weg, worauf ein sonderlicher Philo-
„sophus sich nicht zu vergaffen, und daß auf
„solchem nichts auszurichten sey, man trete dann
„selbsten auf die rechte Bahn, so werde ohne
„viel Suchen der Geist des Universals schon
„offenbahr werden." Dieweilen aber aus be-
sagtem einfältigen Anfang, und unergründli-
chem Centro, die unendliche Vielheit, veluti ex
unitate infinitas, und die so unterschiedene Wercke der gantzen Natur, gleichsam aus einer un-
versiegenden Quelle herfliessen, und sich in so
viel und mancherley Wesen, Qualitäten, For-
men und Gattungen aller sichtbaren und unsicht-
baren Geschöpffen sich ausbreiten und eintheilen,
das doch anfangsweise, wie gemeldt, nur ein
einig Ding ist, und verbleibt, und allein nach
der Eigenschafft seines Aufnehmers und Be-
halters sich artet und qualificiret; Als ist auch
deswegen von diesem einigen Ding auf so vielfältige Weise geschrieben worden, und die parva
Hermetis

Hermetis schedula in so viel volumina erwach=
sen können: Welche doch alle auf den ewigen
wahren Grund und Eckstein gesetzt seyn müssen,
anderst selbige nicht vor aufrichtige Wahrheits=
Schrifften aufgenommen und erkannt, sondern
unter die Zahl der verführischen Irr=Bücher
gerechnet werden. Und wiewohlen einem Kunst=
liebenden und eifrigen Forscher der wahren
Weisheit und guten Wissenschafften zu seinem
Vorhaben sehr beförderlich und vorträglich ist,
daß so vielerhand auf mancherley Weise geschrie=
bene Bücher zu Tag kommen, und je mehr und
mehr noch täglich herfürgebracht werden; In
Erwegung, eines nicht alles in sich halten kan,
in der Menge aber eines das ander ausleget
und erklärt: So ist doch nicht zu verneinen, daß
nicht auch eines das andere verdunckele, und
den anfahenden Lehrbegierigen, so etwa sonsten
schon einen guten Grund geschöpffet, zum öff=
tern vom rechten Verstand wiederum ableiten,
und in Irrthum führen thue; daß dannenhero
sehr schwer, aus blossem Lesen der Bücher allein,
die verlangte wahre, und mit unzählich viel
Gleichnissen und Räzeln künstlich verwirrte und
verdeckte Weisheit und Wissenschafften zu er=
gründen, und deren rechten Verstand zu erler=
nen, wo nicht der Schein eines sonderbahren
Lichts dem Leser darzu behülfflich ist, und ihm die
Augen eröffnet; Welches Licht also beschaffen,
daß, der es hat, auch mitten unter der dickesten
Finsterniß ohne ander Licht darbey sehen mag,
und deme es mangelt, auch am hellesten Mit=

tag

tag blind ist; und ob zwar dieses Feuer allenthalben, und allen Dingen sich zunähert, so läst
es doch seinen Glantz von sich selbst schwerlich
herfürleuchten, dieweilen es selten solchen Zunder findet, der bequem und tüchtig wäre, seine
Strahlen auffzufangen, und fest einzubehalten,
als der zum öfftesten mit schädlicher Feuchte
und irdischer Unreinigkeit also umgriffen und
verderbt, daß der Feuer-Funcken nicht hafften,
sondern alsobald unvermerckt wiederum verlöschen, und wie dem ausgestreueten guten Saamen, der in ein felsicht Land oder Dornbusch
gefallen, geschicht, ohneingewurtzelt ersticken
muß; wenn aber dieser Strahl eine wohlzu-
bereitete, anzündliche Materie angetroffen, welche
den einverleibten und ergriffenen Funcken nicht
alsobald wieder von sich ausläst gehen, sondern
ihme Nahrung und Vermehrung giebt, so wird
durch inständig anhaltendes Auf-und Anblasen
derselbe nach und nach grösser, bis aus dem glän-
tzenden dunckelen Funcken ein heller Feuers-
Glantz aufgehet, dabey man ein Licht anzün-
den, und auf den Leuchter setzen kan; wer nun
ein solches Licht erlangt, dem ist möglich, wie
alles aus dem Ungrund sich offenbahret, zu wissen; nicht weniger über alle Sterne, mitten
durch die Himmel, in das Hertz der Natur und
Creatur, und bis in die unterste Hölle hinein zu
sehen, und zu erkennen, wie die güldene Kette
des Homeri geschmiedet, und deren Glidche in
einander gefügt sind, wie das Unterste mit dem
Obersten, das Jrdische mit dem Himmlischen,
durch)

durch das Mittlere vermählet und verknüpffet
werden, auch welcher massen der sechseckichte
Signat. Stern sich in einander flichtet und richtet. Und gleichwie angedeutetes Licht durch
die gantze Natur scheint, also gibt solches auch
der Natur völlige Erkänntnis, und mögen einem sothanen Besitzer dieses Glantzes alle der
Natur Wercke und Operationes nicht verborgen bleiben, sondern er weiß und verstehet eigentlich, wie sie die Natur; das Unsichtbahre
Sichtbahr; das Geistliche Leiblich; und hinwiederum dieses zu jenem mache; Auch welcher Gestalt sie ihr Maaß, Ziel und Gewicht halte, alles in drey Reiche künstlich austheile, auf was
Weise sie ober der Erden die vegetabilia und
animalia herfürbringe, in der Erden aber allerley metalla gebäre, und wie solche drey ferners
in vielerley species und individua sich ausbreiten und vermehren, und wie durch dero un-
aufhörliche Radsumdrehung, aus dem einen
das andere, und auch wohl das dritte werden
können, dann welchen dieses Licht anstrahlet, der
siehet, wo der obere und untere magnetische
Punct der Natur liegt, und ist ihme der Saamen der Natur, wodurch sie alles besagte herfür-
bringt, gantz und gar entdecket, er weiß die Art und
Weise, wie sie denselben in die Erde wirfft, und
daraus, vermittelst deren lebendigmachenden
Geistes, allerley Kräuter, Graß, Bäume und
Stauden, auf dem Umkreiß der Erden erschaf-
fet. und daß sie eben durch dieses Mittel in den
Gängen und Adern der Erden, vermög ihrer
subtil-

subtil verborgenen Separations - und Compo-
sitions-Kunst, Gold, Silber und allerley Mineralia und Metalla verfertige, aus welchen
bepden, sc. vegetabili & minerali regno, das
animale, als das dritte, sein Leben erlangen,
und seinen Aufenthalt herholen muß. Der
Mensch kan sich bey dem Schein dieses Lichtes
in-und auswendig eigentlich beschauen, und erforschen, wer er, seiner Ankunfft, Würdigkeit
und Wesens halben ist und werden soll, was
er vor einen verborgenen Schatz bey sich trage,
und wie ihme die Pforten aller hohen Wissenschafften und Geheimnüßen offen stehen; Alle
Dunckele, verborgene, der Philosophen, mit magi-
schem Stylo beschriebene Bücher werden ihme
dadurch erklärt, er lernet dabey, was der Weisen
vielberühmtes Gold und sein Anfang sey; Der
Ofen, worinn das Feuer und Instrumenta, womit es gearbeitet und gekochet, wie es solvirt, digerirt, calcinirt, sublimirt, figirt, augirt, und in die
höchste Vollkommenheit gebracht werde, ist ihme
all offenbar; Desgleichen die Art, und der Ort
wie und wo die übrige Metallen sich gebären und
die Planeten ein- und zusammen fliessen, auch
was Gestalt unter denenselben Mars an die Königliche Statt Solis sich erhöhet, Sol und Luna
aber an Martis Platz treten, dessen hat er völlige Wissenschafft; Er verstehet die eigentliche Be-
schaffenheit, wie das centralische Feuer, so allenthalben gefangen liegt, entlediget, und zur
Würcklichkeit fähig gemacht werden soll, und
warum das Würckende, wann es von seinem Ley-

denden

denden befreyt, in ein jedweder Compositum
eingreiffen, selbiges ingliedern und auflösen, und
sein Jnneres aus, und abscheiden möge. Die,
ser Lehrmeister unterweiset seine Kinder alle ver,
deckte Handgriff und Zubereitungen des Uni,
versal-Steins der Weisen, des Philosophischen
Elixirs, und höchsten Medicin dieser Welt, er
leitet selbige auf den Weg der Wahrheit, daß sie
nicht mehr fehlen, und weder durch einige der
Philosophen wider einander gehende, und sich
selbsten offt, äusserlichem Ansehen nach, wider,
sprechende Schrifften, und sonst andere verfüh,
rische, und im Buchstaben gefangene Chymisten,
in Ab, und Jrrwege darf verführen lassen: Dann
eben wie das Licht von der Finsternis zu unter,
scheiden ist, so leicht ist es demjenigen, die falsche
und Sophistische Bücher und Scribenten, von
den gerechten und wahren Schrifften zu erken,
nen, inmassen einem solchen allein, vermittelst
dieses Handleiters, gleich von allen, also auch
von der Güte, Nutz und unverfälschten Wahr,
heit der folgenden Büchlein (welche der Herr
Verleger, weilen sie sich durch die Zeit allerdings
verlohren, dem Kunstbegierigen zu Lieb nach,
mahlen, mit Zusatz und Verbesserung, zum
Druck befördert) das beste und gerechteste Ur,
theil zu fällen gegeben ist, als deme die Ursach,
warum das erste Wasserstein der Weisen von
dem Authore desselben benahmt worden, und
was der darinn begriffene gantze Zweck und
Meynung seye, bekant ist, der auch die Sprach
der Natur, und ihr mit dem Alchymisten im fol,
genden Büchlein gehaltenes Gespräch und Uber,

B   ant,

antwort, beneben die gantze Summe des dritten
Summarii Philosophici, vollkömmlich verstehet,
nicht weniger viam veritatis, davon im vierten
Tractätlein gehandelt wird, anzuzeigen und zu
wandeln weiß, darzu auch aus was Ursachen
dieses alle chymische Arbeiten, die doch bey den
meisten als unumgängliche Nothwendigkeiten
zu beobachten gelehret werden, abgeschafft und
verworffen haben will, sattsame Nachricht er-
statten, und zugleich alle sothane Contradictio-
nes und Widersprüche, deren der Weisen Bücher voll seyn, conciliiren und vergleichen kan.
Durch Hülff und Vorleuchtung offtgedachten
Lichtes Glantzes ist zu finden, und zu erlangen,
der verborgene und unsichtbare, doch empfindliche Ductor und Dictator, der im Vermögen
und Willen hat, seine getreue Nachfolger zu
dem in centra mundi gelegenen Berg zu führen,
und die dabey befindliche und vorgehende Wunder sehen zu lassen, (davon in dem ersten zu Ende angehängten philosophischen Schreiben Anzeige geschehen) ingleichen auch die wahre Bedeutung des zweyten mit einer sonderbaren Pa-
rabol verblümten Briefs ohnfehlbar zu geben;
In Summa, welchen dieses Licht erleuchtet,
deme ist der Nebel von den Augen abgethan,
und siehet mitten durch die dicke Finsternüssen
dieser Welt, er findet sich in der Freyheit, und ist
an dem Joch der Meynungen, dadurch die
Welt, dem bekanten Sprichwort nach, regiert
wird, nicht angebunden, dann er aus den Wah-
nen zur lautern einfachen Wahrheit eingeführet
ist, allwo er die Ruhe in Wissen, und den Sab-
bath-

bathtag der Vollkommenheit, darinn die übrige
sechs Wercktage still stehen, und daselbsten, als
in Centro zusammenkommende, ihre Ruhe finden, erreichet hat. Welche Bahn jedoch, so zu
diesem Zweck leitet, dermassen verhauen, belegt
und verwahrt, daß ohne massen Mühe und Arbeit, Sorg und Angst, zusammt allerhand
Widerwärtigkeiten und Bekümmernissen, solchen zu finden und zu betreten, unmöglich ist;
wer derohalben kein Licht hat, und diese Be-
schwerlichkeiten scheuet, der wisse, daß ihme aller Zugang versaget sey, und ziehe sich dieses
Sprichwort zu Gemüthe: Dulcia non meruit,
qui non gustavit amara.

Das N:

Ein Jeder, der verlangt eine schöne Ros zu brechen,
Der muß sich von den Dörnen die Händ nur lassen
stechen,
Dann wer das Bittere zu schmäcken nicht begehrt,
Der ist den süssen Kern zu kosten auch nicht werht.

Ist nun in dir, günstiger Leser, Lust und Begierde, Weisheit und Wissenschafften zu erlangen, so bitte eyfrig, suche embsig, und klopffe un-
nachläßig, so wirst du finden; Dich damit
GOtt dem Vater des Lichts, von welchem alle
gute und vollkommene Gaben herkommen,
hertzinniglich empfehlende.

Gegeben den 22. Jan.
Anno 1661.

B. L. J. S.

B 2   Kurtze

Kurtze Erklärung des Wunder, fürtreflichen Wassersteins der Weisen, sonsten Lapis Philosophorum genandt.

Es seynd von Anbeginn der Welt hero, zu jeden Zeiten viel und sonderbahre, in GOtt hocherleuchtete Leut und erfahrne Philosophi und Welt=weise Heyden gewesen und gefunden worden, welche die Natur und Kräfften der anderen Creaturen fleißig betrachtet und zu lernen sich bemühet haben, unter welchen andern allen sie mit grosser Begierde und Arbeit gesucht, ob etwas in rerum natura zu finden sey, das den irrdischen Leib des Menschen vor der Zerstöhrung und Sterblichkeit in einem steten Leben und Wohlstand præserviren und erhalten mögte. Dann sie aus sonderlicher göttlicher Influentz, auch aus dem Licht der Natur gesehen und erkennet haben, daß etwas geheimes, sonders und wunderbahres in dieser Welt seyn müsse, welches GOtt der Allmächtige dem menschlichen Geschlecht zu gutem geordnet, nehmlich daß alles, so in= und auf dem gantzen Erdboden unvollkommen, mangelhafft und verderbt, wiederum durch solches sonderbare und geheime Ding renovirt, ergäntzt und vollkömmlichen wiederum zurecht gebracht könte werden.

Nach solchem eyfrigen und fleißigen Nachforschen aber haben sie endlich diß erkündiget und erlernet, wie nehmlich nichts in dieser Welt

zu

zu finden, daß den zergänglichen Leib vom Tod
erretten oder befreyen könte, (als welcher unsern erstern Eltern Adam und Evá zur Straff
aufgelegt wäre, der sich auch von allen ihren
Nachkommen nimmermehr scheiden liesse) als
allein diß einige Ding, so an ihm selbsten von
Natur zerstörlich, und von GOtt dem Menschen zu gutem verordnet, das die Verderbung
hinweg nehme, alle unvollkommene Körper
wieder heylen könte, das Alte reinigen, und das
kurtze Leben, wie in den alten Patriarchen, er-
längern thäte.

Solchen wunderbahren und geheimen Dingen dann fromme erfahrne Philosophi mit Fleis
nachgetracht, bis sie solches gefunden, und desselbigen nützlichen Gebrauch, damit sie sich die
Zeit ihres Lebens erlustiget und erhalten, erlernet und bekommen haben, welches hohe Geheimnis und Wunder-Ding vor ihnen alle heilige Patriarchen auch wahrhafftig gewust und
gehabt, und ohne Zweiffel Adam dem gröften
Vater im Anfang, von GOtt selbsten, wird
geoffenbahret und gewiesen worden seyn, welches hernach alle Altväter von ihm ererbt, und
aus desselben Kräfften ihre Leibes-Gesundheit
und langes Leben, auch grossen Reichthum dardurch erlangt und bekommen haben. Solches
göttliche Ding, ja Wunder-Ding, haben vorermeldte Heyden, (als sie dieses auch erlangt,
für eine sonderbahre Gabe GOttes und für die
allerhöchste und geheimlichste Kunst erkennet und
gehalten) doch darneben gesehen, daß solche
durch GOttes Fürsehung dem wenigern Theil

der

der Menschen geoffenbahret, und dem grössern
Theil dieser Welt verborgen sey und bleiben werde, darum sie auch dieselbe jederzeit, so viel sie gekönnt, in grosser Geheim gehalten. Damit aber
solche gleichwohl nach ihrem Abgang nicht gar
wieder verloschen und vergessen, sondern auf
die Nachkommen ferners geerbt und erhalten
würde, haben sie dieselbige ihren Büchern einverleibt, und ihren getreuen Schülern viel herrliche Inſtructiones und Lehren von solchen
Schrifften mitgetheilet und hinterlassen, aber
diß alles mit so verblümten Worten vermudtelt
und verborgen, daß noch wenig heutiges Tages
deren gefunden werden, die einen satten und
richtigen Grund daraus schöpffen können, welches aber ohne sonderbahres Bedencken von ihnen nicht geschehen, damit diejenige, so diese
Weißheit suchen, GOtt (in dessen Hand alles
stehet) desto ehe darum anruffen, und wann ihnen solches geoffenbahret, ihme die Ehr allein
darfür geben und dancken sollen, zudeme auch,
daß nicht die edlen Perlen dardurch vor die
Säu geschüttet und geworffen würden. Dann
wann solches der gottlosen Welt eröffnet, sie
wegen ihres Geitzes anders nichts, dann diß einige allein begehren, und letzlich allen Fleis und
Arbeit fallen lassen, dardurch dann ein zerrütte-
tes und wüstes Wesen folgen würde. Und obwohl offt ermeldte Philoſophi von dieser hoch-
fürtrefflichen Kunſt viel und mancherley diſputi-
ret, dieselbe auch um angeregter Ursach willen
mit vielen unterschiedlichen Nahmen, Parabeln, und wunderbarlichen frembden Sophiſti-

schen

ſchen Worten angedeutet, ſo haben ſie doch alle
einhelliglich mit ſolchen verwechſelten Reden
nur auf einen einigen ſcopum und eintzige materiam, die zu ſolcher Kunſt gehörig, weiſen und
zeigen wollen, welcher geheimen Materien aber
viel Nachſucher dieſer Kunſt oftmahls gefehlet,
und ſich darmit verſtiegen haben.   Dann zu jeden Zeiten bis anhero, nicht allein gemeine, ſondern auch viele hohe und Weltweiſe Leut ſich gefunden, die derſelben nachgeſtrebt, und die nicht
allein mit allem Fleis, ſondern auch mit groſſer Mühe und Koſten geſucht, und zu erlangen
begehrt haben, aber niemahls darzu kommen,
viel weniger theilhafftig werden können: Ja
der mehrertheils, an ſolcher oftmahls, noch
darzu heßlich angelauffen, ſich darneben nicht-
allein in unwiederbringlichen Schaden geführet, ſondern auch letzlichen mit Hohn und
Spott ablaſſen und ſich deroſelben verzeihen
müſſen.   Damit aber gleichwohl niemand an
dieſer geheimen Kunſt gründlicher Gewißheit
nicht zweiffeln könte, und ſie der gottloſen Welt
Gebrauch nach für ein Gedicht und bloſſen
Wahn halten, will ich auſſerhalb derjenigen,
ſo in heiliger Schrifft Erwähnung geſchicht,
nur allein die fürnehmſten authentiſirten Philoſophen, neben andern ihrer Succeſſoren, die ſolche Kunſt wahrhafftig gewuſt gehabt und ge-
noſſen, allhier anzeigen und nahmhafft machen,
als da ſeyn: Hermes Triſmegiſtus , Pythago-
ras, Bened. Ieſu, Alexander Magnus, Plato,
Theophraſtus, Avicenna, Galenus, Hippocra-
tes, Lucianus, Longanus, Raſis, Archelaus,

Rupefcifla, autor Rofarii majoris, Maria Pro-
phetiffa, Dionyfius Zachar. Haly, Morienes,
Calid, Conftantius, Serapion, Albertus Magnus,
Eftrod, Arnoldus de Villa Nova, Geber, Rein-
mundus Lullius, Rogerius Baco, Alanus, Tho-
mas Aquinas, Marcellus Palingenius, und diese,
welche zu jetzigen und jüngern Zeiten gelebt,
als Bernhardus, Trevifanus Comes, frater Ba-
filius Valentinus, Philippus Theophraftus, und
viel andere mehr, wie dann kein Zweiffel, daß
noch heutiges Tages deren etliche, so durch
GOttes Segen solches theilhafftig, und wiewohl ingeheim, still, derselben täglich genieffen, gefunden werden möchten. Und nachdeme diese jetzt erzehlte Philosophi von diesem
hohen magifterio wahrhafftig und ohne falsch
geschrieben, auch ihren Beweiß aus dem rechten Grund und Brunquell der Natur geschöpffet und gelernet haben, so werden hergegen
bis dato wiederum viel falsche Pfeudo-Philofo-
phi und Betrüger gefunden, die sich solcher
Kunst Wissenschafft fälschlich berühmen, und
gleichergestalt von solcher zu lehren sich unterfangen, und der oberdachten Philofophen Schriften zum Deckel ihres Betrugs fälschlich mißbrauchen, die Leute nur damit äffen, ihnen das
Maul auffsperren, und einen blauen Dunst für
die Augen machen, welche dann, sowohl auch
diejenigen, die sich von ihnen auffsetzen lassen,
folgende Warnung wohl betrachten und zu
Gemüthe führen sollten:

Ihr Alchymisten mich versteht,
In dem Griechischen Alphabet

Jst kein Buchstab sehr gleich Π also,
    Stehet sonsten auch anderswo.
Gedencket stets an solchen sein,
    Betrüget nicht mit falschem Schein
Durch euer Kunst so manchen Mann,
    Fürwahr ihr werd sonst sterben dran.

Item.

Vor Goldmachern und Alchymisten,
    Die das Geld distillirn aus Beutel und Kisten,
Soll man sich hüten und zuschauen,
    Bey Leib ihnen nicht zu viel trauen,
Wann man anders nicht will in Schaden
    Darzu in Spott und Reu thun baden.
Folg denen, die da seyn gerecht,
    Aufrichtig, fromm, einfältig, schlecht,
Nicht ruhmredig, und doch was können,
    Mit solchen kanst du gut Garn spinnen.
Ja wo find man aber diese?
    Suchs, gleichwohl sie seyn eben theuer,
Und nicht gar wohl gerathen heuer.
Auch gilt an solchen ein Quintlein schwer,
    Mehr dann der andern einen Centner.

Dieweil aber noch treue und fleißige Laboranten und Schüler dieser geheimen Philosophischen Kunst, die gern einen richtigen und gewissen Weg ohne weitern Umschweiff zu solcher reisen und wandern wolten, vieler Orten gefunden werden, und aber durch erstbesagte sophistische heillose Buben, durch ihr grosses Geplär und nichtiges Fürgeben, eins Theils so perturbirt und irre gemacht werden, daß mancher schier nicht weiß, ob er in solcher ferner hinter sich oder für sich gehen solle: Also habe ich von dieser Kunst auch etwas weniges, jedoch gründliches und wahrhafftiges an dem

Tag zu geben und zu erklären, nicht unterlaſſen wollen. Und ob ich wohl mich viel zu gering, und auch unwürdig von ſolchem Geheimniß zu handeln oder zu ſchreiben, billig erkenne, jedoch weil ich durch GOttes Gnade, ohne Ruhm zu melden, ſo weit gelangt, dahin ihrer wenig, ja viel unzählich tauſend ſo weit nicht kommen, und das Pfund, welches mir, als einem Unwürdigen, von dem Allmächtigen Lehen-Herrn gnädig verliehen worden, bey mir nicht vergraben bleibe: So will ich allen dieſen Liebhabern aus treuem Hertzen (ſo viel mir gebührlich ſeyn will) einen kurtzen ſummariſchen Begriff und Erklärung dieſer gantzen Kunſt, beneben auch, wie zu ſolcher zu kommen, einen unbetrüglichen, ja den allerrichtigſten Weg fürweiſen und zeigen, ob vielleicht darmit, durch GOttes Verleyhung, etlichen die Augen einmahl eröffnet, von ihrem falſchen gefaſten Wahn gewieſen, und aus der Irre auf die rechte Bahn geholffen, und dann ferners auch GOttes Wunderwerck dadurch offenbarlicher gemacht werden mögte. Dieſes aber deſto beſſer und leichter zu verſtehen und zu faſſen, ſoll ſolcher Tractat in 4. Stück abgetheilet werden.

In dem erſten will ich anzeigen, den Anfang und Eingangs-Weg dieſer Kunſt, wie man zu ſolcher ſich ſchicken und bereiten möge.

Im andern, Philoſophiſcher Beſchreibung und Andeutung nach, ſoll angezeigt werden, wie

wie diefer Kunſt Materia beſchaffen und erkennet, auch ferners der gantzen præparation
modus und Regierung anzuftellen ſey, gewieſen werden.

Im dritten, von ihrem überaus reichen
Nutz, hohen unausſprechlicher Krafft und Tugend, ſo ihr zugeeignet und gegeben, gleichfalls vermelden.

Im vierdten, ſoll folgen eine geiſtliche Al-
legoria, ſo mit dieſem gantzen magiſterio, das
dann durchaus ein recht contrefätis Vorbild
des wahren himmliſchen, auch ewigen und gebenedeyten Eckfteins des Allerhöchften iſt, in
allen ſich vergleiche, darinnen auch die rechte
dazu gehörige Handgriffe angedeutet, und auf
das kürtzefte und einfältigfte (dann ich vielerley zierlichen Umſtand nicht achte) alles beſchrieben werden.

Der

Der erste Theil.

Pfalm. 25.

Wer ift, der den HErren fürchtet, er
wird ihn unterweifen den beften
Weg.

Erftlich foll ein jeglicher GOtt-liebender
Chymift, und folcher Kunft Philofophus,
vor allen Dingen dis in Betrachtung
nehmen, daß nehmlich folch Arcanum nicht allein vor die gröfte und allerhöchfte, fondern
auch für eine heilige Kunft (dieweil das allerhöchfte himmlifche Gut, und das Allerheiligfte
des Allmächtigen darinnen angebildet und abgemahlet wird) zu achten und zu halten ift.
Darum wer zu diefem hohen und unausfprech-
lichen Geheimniß gelangen oder kommen will,
der foll wiffen, daß folche Kunft nicht in Gewalt des Menfchen, fondern in dem gnädigen
Willen GOttes fey und beruhe, und nicht
das Wollen oder Verlangen, fondern das Er-
barmen des Allmächtigen darzu helffe und för-
dere. Darum du dann zuförderft gottesfürchtig feyn, dein Hertz zu GOtt erheben, und mit
einem rechten inbrünftigen und glaubigen Gebet, ihn um folche Gaben bitten folt, dann fie allein von ihm gegeben werden und herkommen
muß.

Wann nun auf folches, GOtt der Allmächtige der aller Hertzen ein Erkündiger ift) bey
dir ein rechtfchaffenes, getreues und unbetrüg-
liches

liches Gemüth ſiehet und findet, daß du nehmlich ſolches zu keinem andern Ende, dann allein zu ſeinem Lob und Ehr, zu erforſchen und
zu erlernen begehreſt, ſo wird er dich ohne allen Zweifel, ſeiner Verheiſung nach, erhören,
und durch ſeinen Heiligen Geiſt alſo führen und
leiten, daß du durch Mittel zu einem Anfang
füglich kommen und gelangen wirſt, darauf du
nimmermehr hätteſt gedencken dörffen, alſo daß
du in deinem Hertzen ſpüren und ſehen wirſt,
wie der gnädige GOtt dein Gebet erhöret, und
zu einem glücklichen Eingang dir allbereit gleichſam eine Eröffnung gethan und gewieſen habe.

Nach dieſem ſolt du alsdann ferners mit einem demüthigen Hertzen auf deine Knie fallen,
und ihme für die Erhörung deines Gebets von
Hertzen Lob, Ehr und Danck ſagen, ihn auch
bitten, daß er ſolche angefangene Gnade, ſo
du ſchon in deinem Hertzen empfunden, ferners durch ſeinen Heiligen Geiſt wolle pflantzen
und fortſetzen, und dich alſo regieren, daß du
ſolches hohe Geheimniß, wann es dir vollend
geoffenbahret, recht mögeſt gebrauchen, und
darmit alſo umgehen, daß es allein zu Lob und
Ehr ſeines heiligen Nahmens, und dem dürftigen Nächſten zu Nutz und Beſſerung gereiche.

Zu demſelben auch ſolt du bey dir ſolche Gedancken machen, und dieſelben wohl erwegen,
daß du bey Leib, ja bey Verluſt deines Heyls
und Seligkeit, ſolche Geheimniß keinem Unwürdigen oder Gottloſen nicht offenbahren,
vielweniger mittheilen oder genieſſen laſſen; in
Summa, nicht mißbrauchen, allein, wie vor
gemeldt,

gemeldt, zu GOttes Ehre, und gar nicht zu
deinem selbst eigenen Ruhm anwenden wollest.
Darneben auch bedencken, daß, wann du sol=
ches nicht thätest, sondern mit Gefahr über=
schreitest, du alsdann von GOtt ungestraft
nicht bleiben würdest, und es wohl tausendmahl
besser gewesen, daß du niemahls etwas davon
gewußt oder erfahren hättest. Wann du nun
solches wohl betrachtet, und dich gleichsam ge=
gen GOtt (der seiner nicht spotten läst) in sol=
chem verlobt, und dir selbst also das Ziel ge=
steckt und gesetzt hast: So fange alsdann an,
und lerne erstlich, wie GOtt, der dreyeinig,
im Anfang die allgemeine Natur verordnet,
wer dieselbe sey, was sie vermöge und könne,
auch wie dieselbe in allen Dingen noch täglich
unsichtbahr würcke, und allein in dem Willen
GOttes bestehe, und ihre Wohnung habe,
dann ohne wahre Erkänntniß der Natur solch
Werck sehr mißlich und gefährlich dir anzufa=
hen seyn will. Der Natur Qualität und Ei=
genschafft aber ist, daß sie einig, wahr, schlecht
und in ihrem Wesen vollkommen, und auch
ein verborgener Geist in ihr ist und verschlossen
sey. Wilt du nun solche erkennen, so mußt du
auch eben also, wie die Natur ist, als wahr=
hafftig, schlecht, gedultig und beständig, ja
gottesfürchtig, und dem Nächsten unschädlich;
in Summa, ein wiedergebohrner und neuer
Mensch seyn.

Wann du dich nun also erkennest und befin=
dest, so wird alsdann die Natur zu der Natur
sich bald schicken und finden, darneben auch der

unauß=

unausſprechliche Nutz an Leib und Seel ſich er-
ſprießlich bey dir ſehen laſſen.

Dann die Erforſchung und Speculation dieſer Kunſt wird dir ſo hoch nützlich und erſprieß-
lich ſeyn, daß, wann du die Principia oder an-
fahende Ding darinn recht erkenneſt, ſie dich
gleichſam mit Gewalt in die Erkenntniß der
Wunderwercke GOttes führen und leiten werden, alſo, daß du dardurch alles dasjenige,
was zeitlich, und vor der Welt hoch und groß
geachtet iſt, gar geringſchätzig halten und ver-
nichten wirſt.   Hergegen aber, welcher dadurch Reichthum, und denſelben zu dieſer Welt
Hoffart und Eitelkeit anzuwenden begehrt und
gedencket, erlangen will, darf nimmermehr
hoffen, daß er in ſolchem zu einem gewünſch-
ten Ende kommen wird.   Darum dann dein
Sinn und Gemüth gantz und gar von dem
Irrdiſchen abgewandt und gleichſam neu geſchaffen, auch allein GOtt ergeben ſeyn muß.
Dann dieſes ja wohl zu mercken, daß dieſe
drey, Leib, Seel und Geiſt, gantz und gar
gleichförmig, auch mit einander zugleich operiren und würcken müſſen.   Dann ſo des Menſchen Hertz und Gemüth nicht auch ebenmäſig,
wie das gantze Werck nacheinander gearbeitet,
alſo geregieret würde, du mit der Kunſt auch
gantz und gar mit einander verirren und fehlen
würdeſt.

Darum du dich dann nach ſolchem in allem
zu richten und zu entſcheiden wirſt haben können.   Dann der Artiſt thut hierzu nichts anderſt, dann daß er nur ſäet, pflantzet und be-

geuſt

geuſt, GOtt aber iſt allein, der das Gedeyen
darzu giebet. Darum wem GOtt entgegen
iſt, wider den ſetzt ſich auch die gantze Natur:
Wer aber GOtt befreundet, dem müſſen auch
Himmel und Erden und alle Elementen behülf-
lich ſeyn. Derhalben wann du nun ſolches betrachtet, und die Erkentniß der wahren primæ
materiæ beyhanden haſt, (darvon hernach ſoll
geredet werden) ſo magſt du dich alsdann zur
Hand-Arbeit ſchicken, und einen Anfang darmit machen. Da du dann abermahls den
Allmächtigen um ſeine Gnad und Regierung
in allem deinem Vorhaben erſuchen muſt, darauf es dir nicht allein ſchleunig fortgehen, ſondern auch einen glückſeligen Ausgang gewin-
nen wird.

Ecclef. cap. 11.

Wer in GOttes Furcht bleibt ſtetig,
  Auch in ſeinem Wort thut üben ſich,
Und wartet ſeines Beruffs mit Fleiß,
  Läſt ſich nicht irren ſchwartz noch weiß,
Derſelbig Menſch kan nicht allein,
  Aus Zinn, Stahl, Kupffer fein,
Gold und Silber ihm genug machen,
  Sondern er kan auch zu den Sachen,
Zuvoraus wann ihm GOtt bleibt hold,
  Aus Lähm und Roth thun machen Gold.

Der

Der andere Theil.

Esai. cap. 28.

Drum spricht der HErr, HErr, siehe ich lege in Zion einen Grundstein, einen bewährten Stein, einen köstlichen Eckstein, der wohl gegründet ist, wer den hat, wird nicht zu Schanden werden.

Diese offt erwehnte hohe edle Kunst haben die Philosophi in ihren Schrifften vor und nach der Perfection nicht hoch genug erheben, und mit herrlichen hohen Tituln extolliren können. Derowegen sie dieselbe also angedeutet, und in gemein den Lapidem Philosophorum, oder den uhralten, verborgenen, unbekannten, natürlichen und unbegreiflichen, ja den himmlisch- gebenedeyten und geseligten, auch den allgemeinen drey-einigen Universal-Stein der Weisen genennet haben. Die Ursach aber, warum sie solche eben einen Stein genennet, und verglichen, ist diese unter andern fürnehmlich), dieweil die Materia desselben im Anfang, als eine Minera aus der Erden, wahrhafftig ein Stein ist, darnach dieweil es hart und trucken ist, das du wie ein Stein zerstossen und zerrieben, sonderlich aber, wann es in seine drey Theil (so die Natur selbst zusammen gesetzt) zertheilet, er alsdann selbst in dieselben wieder samentlich gantz und gar, nun und zu einem im Feuer beständig wachsflüßigen

C   Stein,

Stein, Natur gemäß, künstlich digerirt werden muß.

Wie hoch und sehr nothwendig an der Erkänntniß der primæ, alias materiæ secundæ,
dieses geheimen Philosophischen Steins, denjenigen, die solche zu erlangen begehren, gelegen sey; haben ermelnte Philosophi dieselbe
auch nicht gnugsam erinnern, und in acht zu
haben, vermahnen können, welche materia doch
nur ein einßiges Ding ist, daraus dieser
Stein einig und allein, ohn allen fremden Zu-
saß, ob sie schon mit tausend Nahmen benen-
net, muß zugerichtet werden, dessen Qualität,
Art und Eigenschafft, sie auch wunderbahrlich
beschrieben, und ungefährlich summarischer
Weise, als folgender Gestalt angedeutet haben. Nehmlich, daß dieselbige im Anfang
von drey zusammen gesetzt und doch nur eins
sey. Item, aus einem, zweyen, dreyen, vieren
und fünfen, erzeugt und gemacht, auch in einem und zweyen, so allenthalben ist, gefunden
werden. Nennen dasselbige auch Magnesiam
Catholicam, oder Sperma Mundi, den Saamen der gantzen Welt, aus welchem alle natürliche Dinge ihren Ursprung haben; Item, es
sey einer wunder- und sonderbahren Geburt
und Gestalt, habe eine unerkänntliche und un-
ergründliche Natur und Eigenschaft, sey also
weder heiß noch trucken, wie das Feuer, und
nicht kalt noch feucht, wie das Wasser, auch
weder kalt noch trucken, wie das Erdreich,
sondern aller Elementen eine geschickte vollkommene Vergleichniß, sey auch eines unzerstörli-

chen

chen Leibs, der von keinem Element nicht kan
angegriffen werden, welcher mit allen seinen
Eigenschafften, gleichwie der Himmel, über die
vier Elemente und vier Qualitäten, als ein un-
zerstörliches und quinta essentia, in allem zu vergleichen. Item, es sey dem äufferlichen korpo-
ralischen Ansehen, Figur, Form und Gestalt
nach ein Stein und doch kein Stein, sondern
vergleicht sich mehr einem weissen Gummi oder
Wasser, nennens auch ein Wasser des grossen
Meers: ein Wasser des Lebens, ja das aller-
reineste gesegneste Wasser, und sey doch auch
kein Wasser der Wolcken, oder eines gemeinen
Brunnenquelle, sondern ein dickes bleibendes
und saltziges, auch nach unterschiedlicher Betrachtung, ein trockenes, so die Hände nicht
naß macht, oder ein schmutziges Wasser, das
von saltziger Fettigkeit der Erden entspringt.
Item, einen doppeln Mercurium und Azoth, der
von des Obersten und Untersten, Himmelischen
und Irrdischen globi vapore, Dunst und
Schwitz gespeiset und ernehret wird, welcher
auch in keinem Feuer verbrennet, dann er selbst
ein Universal-Juncken Feuer des Lichts der
Natur, auch über das einen himmlischen Geist
in ihm hat, der durch alles hindurch dringt,
mit welchem er von GOtt im Anfang animirt
und geseliget worden, welchen Avicenna die
Seel der Welt genennet und gesagt, gleichwie
die Seel in allen Gliedern des Menschen Leibs
sich befindet und bewegt, also befinde und bewe-
ge sich dieser Geist auch in elementischen Geschöpffen, der da auch eine unscheidbare Eini-

gung des Leibs und der Seelen, darzu das reineste und edelste Wesen, in welchem auch alle Geheimniß verborgen, voller wunderlicher Krafft und Tugend ist. Eignen ihm auch zu eine unendliche Gewalt und eine göttliche Krafft, sprechen, es sey der Geist des HErrn, der den Kreis des Erdreichs erfüllet, und im Anfang auf dem Wasser geschwebet habe. Nennen ihn auch einen Geist der Wahrheit, so der Welt verborgen, und ohne Einsprechung des Heiligen Geistes, oder Unterricht deren, die ihn kennen, nicht ergriffen oder erlangt werden kan: Der doch in einem jeden Ding an jeder statt nach seiner Macht: Aber in diesem einigen allein gantz vollkommlich gefunden werde. In Summa, eine solche geistliche Subſtantz, die weder himmlisch noch höllisch, sondern ein lüfftiges reines und herrliches Corpus, so das gestellte Mittel zwischen den Höheſten und Unterſten, auch das auserwähltesté und köſtlichſte unter dem gantzen Himmel sey. Hinwiederum aber werde er auch bey denen, so dessen keinen Verstand haben, oder erst anfangen, für das allergeringste und unachtsamste, ja gleichsam für ein verworffen Ding gehalten und angesehen, welches doch von vielen Verständigen gesucht, von wenigen aber gefunden, in der Weite betracht, und in der Nähe genommen, darzu von männiglichen gesehen, vom wenigern Theil aber erkannt, wie dann solches in hiebeygesetztem Teutschen Carmine auch fein angedeutet wird:

Man

Man ſind ein Gut getheilt in drey,
    Iſt doch nur eins, das glaub mir frey.
Ein Ding, das die Welt nicht hoch hält,
    Ihm auch da um nicht faſt nachſtellt,
Hats vor Augen, offt bey der Händ,
    Und doch vor Blindheit ſolches nicht kennt.
Ja, es wird bey den, diß nicht verſtehn,
    So gering geacht, daß ſie drüber gehn,
Welches doch iſt der höchſte Werth,
    Der hie mag ſeyn auf gantzer Erd.
Wers kennt, und hat das Mittel-Wort,
    Der kan reich werden hie und dort.

Ænigma philoſophicum.

Ein philoſophiſch Rätzel, darinnen das pri-materialiſche Subjectum der Weiſen Kunſt, Phœnix Philoſophorum genannt, gantz und gar zertheilt, dreyfach drey mit Nahmen zu finden ſey.

Wann ich dirs nenn und ſags offt frey,
    Die zugehörig Stück all drey;
Ey warum wilt du dann viel klagen?
    Schau, trau, die Wahrheit thu ich ſagen.
Ein Gräßlein genannt Trifolium.
    Muſt du thun haben, ſchau, bitt GOtt drum,
Such eins in drey, und drey in Eim,
    Kommt fern wohl tauſend in geheim,
Leib, Seel und Geiſt, ſolchs nennen ſie
    Saltz, Schwefel und auch Mercuri:
Thue aber, trau mir, das Gräßlein fein,
    Trifoli genannt, verſtehen allein,
Thuſt du den Thon, auch Geſang verſtahn,
    So biſt du warlich ein weiſer Mann.

Aliud multo explicatius.

In dieſer Welt ein Ding iſt ſchon,
    Wird allenthalben gefunden Thon,
Und das geſchicht ohn ſondern Fleiß,
    Sein Farb iſt grau, grün, roth und weiß.

    Kommt

Kommt und fleußt her bald wie Wasser,
  Welches doch nicht netzt, wiegt leicht und schwer,
Sein Nahm wolt ich tausend nennen,
  Aber tausend thun solches nicht kennen,
Dieweil es scheint so gar gering,
  Und ist doch das köstlichste Ding.
Wer solches kan in Mitten frey,
  Auflösen, und darnach auch darbey,
Im dritten zuschliessen wiederum,
  Der hat das rechte Subiectum.

Ænigma.

Dieses Steins Geschlecht ist allenthalben,
  Sein Empfängniß geschicht in der Höllen,
Sein Geburt hat er auf Erden,
  Sein Leben find er im Himmel,
Sein Sterben verricht er in der Zeit,
  Nach dem erlangt er die Seligkeit.

Wann man nun solche angedeute tugend-
reiche Materiam (so zum Theil himmlisch, zum
Theil auch irrdisch, und im Anfang eine rechte
Confusion oder ein vermischtes Wesen,   auch
mit keiner gantz benenntlichen Farbe anzumel-
den ist,) bey der Hand hat, zudem auch recht
und wohl erkannt, (welche Erkenntniß dann
die Philosophi zu jeden Zeiten für das princi-
pal-Stück in diesem Werck geachtet) müssen
derselben ihr Recht, als ihr weiters gebühret
und in ihrer Præparation erfordert, mit Fleiß
geleistet und verrichtet werden.   Ehe aber und
zuvor einige Handarbeit mit solcher angehaben
                                                oder

oder fürgenommen wird, foll nothwendig ein
jeder gottesfürchtiger Artifta abermahls der
vorgegebenen Lehr und Eingangs fleißig erinnert und ermahnet, neben auch treulich gewarnet feyn, daß er fich mit folchem geheimen
Werck und unerforfchlichen Geift, fo darinnen
verborgen ift, bey Leibe ehe nicht einlaffe,
er habe dann denfelbigen in feinen tieffen er-
gründeten Qualitäten und Eigenfchafften recht
und wohl zuvorhin Natur gemäß erkennet und
erlernet. Wie dann ein Philofophus warnet
und fpricht: Mit diefem Geift folt du dich
nicht einlaffen, du habeft dann zuvor gnugfam-
lich feine Erkenntniß und Wiffenfchafft. Dann
GOtt ift wunderbarlich in feinen Wercken,
und feine Weißheit hat keine Zahl, welcher
auch mit ihme nicht fchertzen läffet, da dann
folcher Exempla etliche könnten erzehlet werden,
wie fich mancher leichtfertiger Weife folches hohen Wercks unterfangen, dermaffen aber darmit angelauffen, daß etliche wohl eines theils
todt bey folchem gar gefunden, oder fonften
durch unglückhafftigen Zuftand gefährlich dadurch befchädiget worden feynd, fintemal es
nicht fo ein gering Ding, wie etliche ihnen
träumen laffen, vermeynend, weil die Philofophi folches einem Kinderfpiel und Weiber-
Arbeit verglichen, fie daffelbige auch fo fchlecht-
lich achten, welches aber hie nicht alfo gemeynet, fondern die Nach-Arbeit in diefem Werck,
fo an ihm felbft gar gering und leicht, dardurch
verftanden, und folche nur denjenigen, die von
GOtt darzu gewürdiget, und mit Erkenntniß

def-

deſſelben begabet, alſo ſchlecht und geringlich
angedeutet haben. Darum ſo ſchaue zu, daß
du nicht unbedächtlich mit ſolchem zu früh hierinn angeheſt, ſondern alles dein Vorhaben,
mit dem Gebet und Hülffe GOttes, wie im
Anfang erinnert, zuvor anfaheſt, ſo wirſt du
alsdann nichts nicht fürchten, auch keiner Gefahr dörffen gewärtig ſeyn.

Derohalben, wann du dich in deinem Orato-
rio mit Ernſt geübet, und die Materie erkannt,
auch beyhanden haſt, ſo magſt du alsdann hernach im Laboratorio deinen Fleiß auch anwenden, und die daran gehörige Arbeit unter die
Hand nehmen, und einen Anfang machen.

Erſtlich muſt du dieſelbe offtermeldte Materiam oder primum Ens, ſo die Philoſophi auch
das höchſte Gut der Natur genennet, vor allen
Dingen diſſolviren und auflöſen, es von ſeiner Aquoſität und Terreſtrität (dann es anfangs ein irrdiſches ſchweres Corpus, ein rauhes, zähes, ſchleimiges und nebelwäſſeriges Corpus anzuſehen iſt) purificiren und reinigen, auch
ſeinen duncklen dickneblichten Schatten, mit
welchem es obrumbirt, ihme abnehmen, damit alſo nach ſolchem, durch fernere Sublimation, ihm ſein Hertz und innerliche Seele, ſo
in ihm verborgen, auch aus ihm dividirt und
genommen, und in ein lieblich Weſen gebracht
werden möge.

Solches aber alles durch das groſſe Catho-
liſche Meerwaſſer, welches durch ſeinen ſchnel-
len gleichfliegenden Ab- und Zulauff den gantzen Erdkreis befeuchtet und fruchtbar machet,
und

und darzu auch so süß, schön, klar, hell und
fürleuchtend, daß es weit höher und schöner
dann Gold und Silber, oder einem Carfun-
ckel, Diamant-Glantz mit Verwunderung anzuschauen ist, geschehen kan, welches gesegnete
Waffer gemeldte Materia in ihr auch beschließlich vereiniget hält. Solch extrahirt Hertz,
Seel und Geist, mußt du ferner mit seinem eigenen Saltz (welches vorberührter Materie
auch sonderlich inferirt, und an seiner Farb in
seinem innern Blutroth, nach seiner Zuberei-
tung aber, weiß, hell, klar und durchscheinend
ist, und dann von den Philosophis Sal Sapientiæ genennet wird) wiederum diftilliren, auch
congeliren, daß es abermahl ein einiges Ding
werde: Also daß du durch solchen deinen bisher
gehabten Procefs (welches die Vor-Arbeit genennet) erftlich nur das reine vom rauhen fe-
parirt, und das sichtbahre unsichtbahr, und
dann hernach das unsichtbahre wieder sichtbahr und begreiflich gemacht haft, welches alsdann nicht mehr so schwer, rauhe und unfreund-
lich, wie im Anfang, sondern auf das lichtefte,
auch wohlgeschmackten Geruchs, beneben auch
scharff auf der Zungen zu prüfen, auch fubtiler
durchdringender und lüfftiger Art ift, also da
es von der Lufft frey ftünde, von sich selbft (so
es doch an ihm selbft fix darinnen ist) sich hinweg schwingen und verschwinden thät, gesehen
und gespühret wird, darum es die Weisen
Aquam Mercurialem, oder Mercurium Solis,
auch ihren Mercurium genennet haben. In
welcher angedeuten Geftalt solch Subjectum oh-

ne fernere Præparation dir alfo, wann du es zu der Medicin brauchen wolteſt, allein noch we= nig behülfflich, ſondern vielmehr ein ſchädlich Gifft ſeyn würde. Derowegen, wann du ſei= ner reichen Gabe und vielfältigen Nußen genieſ= ſen willt, muſt du alsdann weiters procediren und fortfahren, und durch andere ſonderbahre Mittel und Arbeit ferner zu handeln wiſſen.

Hierzwiſchen ſollt du aber auch nothwendig darbey fleißig erinnert ſeyn, daß du gute Ach= tung gebeſt auf die Wercke, wie nehmlich die Natur mit der Zeit ſich in ihrer Operation ver= halte, daß du dich derſelben in allen Dingen, in dieſem deinem laboriren, auch nachrichten thuſt: Wann du ſolches weiſt, ſo nehme als= dann der obgemeldten præparirten Waſſer= Materien 2. Theil, aus demſelbigen wiederum nachher unterſchiedliche 3 Theil. Die 2. Theil thue fleißig verwahren und aufhalten. Zu dem vorigen 3. Theil muſt du dann erſt wieder eine andere materialiſche Materien, welches dann auch das allerſchönſte und von GOtt erſchaffe= ne höchſte begabte Gold=Corpus (das der pri= mæ Materiæ am näheſten verwandt und am an= nehmlichſten iſt) einen Theil gegen den zwölff= ten Theil zu rechnen, zu der erſten Fermentation beyſeßen und mit ihm vereinigen thun, dann beyde, als die vorigen gleichſam, geiſtliche und himmliſche præparirte Waſſer=Materia, und dis irrdiſche Corpus Solis zuſammen coniungirt, und zu einem Leib gemacht werden müſſen.

Hierbey aber iſt zu mercken, daß das gemei= ne Gold hierzu nicht füglich, ſondern untüchtig und

und gleichſam todt zu rechnen iſt. Und ob es
wohl von GOtt vor allen andern Metallen für
das allerſchönſte und köſtlichſte qualificirt und
gewürdiget worden: ſo iſt doch ſolches, weil
es noch in den Mineralien und Ertz.Gruben ge-
weſt, etlichermaſſen an ſeiner Vollkommenheit
zu wachſen verhindert worden. Zudeme auch
wird ſolches durch den langwierigen Brauch
an ſeinen innerlichen Kräfften, das iſt, ſeinem
habenden Schwefel (welches dann ſeine Anima iſt) gar zu ſehr geſchwächt, und auch noch
immerdar mit andern unziemlichen Dingen,
ſo ihm nicht bequem, vermenget und vereiniget, und verunreiniget, dadurch es dann je länger je mehr, untauglicher zu ſolchen allhier gemacht wird. Darum ſo ſchaue, wie du ein
pur und auch lebendig Geiſt.habendes Gold
zuhanden bekommeſt, das an ſeinem Schwefel, wie oben gemeldt, noch ungeſchwächt, und
auch mit keinem Betrug niemahls gefälſchet,
ſondern gantz und gar (wann es durch den Antimonium oder durch den Himmel und Sphæram Saturni gegangen, und ſich allda von ſeinen ſordb. depurirt) rein und pur befunden
werde, ſintemahl ſonſten die andere Materie
mit ihrem Geiſt und Krafft ihre Ingreſſion in
diß nicht haben mag, dann diß Werck allerdings einen reinen Leib erfordert und haben
will, auch durchaus, an, bey und neben ihm,
nichts unreines oder unziemliches leiden oder
gedulten kan. Wann nun alſo beyde Waſſer und Gold ungleiche Theile (ſo nicht allein
der Qualität, ſondern auch der Quantität nach,
　　　　　　　　　　　　　　　　groſſer

groffer Ungleichheit feynd, dann das erfte,
wann es præparirt, leicht, lind, fubtil und
weich ift, das andere aber gar fchwer, feft und
hart ift,) in eine folvir-Schaalen zufammen gemacht und gleichfam zu einem trockenen Liquore oder Amalgama gemacht feynd; fo laß folche erftlich 6. oder 7. Tage in einer gar linden
Wärme ftehen, daß es nur laulicht zu fpüren
ift, und alsdann ferner von den zuvorgehabten
3 Theilen Waffers wiederum ein Theil genommen, folches thue in ein rundes unverbräuch-
liches gläfern Gefchirr oder Faß, gleich einem
Phiol oder Ey: Setze den temperirten Liquorem mitten darein, laß es abermahl 6. oder 7.
Tage alfo ftehen, fo wird das Corpus Solis allgemach durch das Waffer diffolvirt und auf-
gelöfet: Da alsdann die Conjunction diefer
beyden angehet, und allda eines in dem andern
fo lieblich und fein, wie Eis in einem warmen
Waffer, fich vermifcht. Welches die Philofophi auf mancherley Art angedeutet, und einer
Gefpons und ihrem Bräutigam (wie auch
Salomon in feinem Hohen Lied fagt) verglichen haben. Wann nun ein folches gefchehen, fo nehme alsdann das erfte aufgehaltene
dritte Theil folgends auch darzu, doch nicht zu
einem oder auf einen Tag, fondern zu unter-
fchiedlichen 7. mahlen, dann das eingefetzte
Corpus fonften gar zu feucht und überfchwemmt,
auch letztlich gar verderbt werden mögte.

Dann wie kein Saame wann er in das Erdreich gefetzet, und im Anfang zu viel Waffer,
Regen oder Näffe hat, Frucht bringen kan,

(fon-

(fondern wie des Bauersmanns Saat ertrin-
cken thut,) alfo ift es auch bey diefem ebener-
maffen befchaffen. Wann nun folches auch
verrichtet, fo figillire und verlutire das Glas
aufs fleißigfte zu, damit das eingefetzte Compofitum nicht verrauche, oder hinweg fliehen thue:
Setze es alsdann in deinen darzu gehörigen
Ofen, gib ihme eines Grads hoch, gar ein lin-
des und ftetes, auch lüfftiges und dämpffiges
Feuer, deffen Wärme gleich, als wann eine
Henne über ihren Eyern fitzt, zu vergleichen ift.

Nota.

Die Philofophi haben viel von dem vapori-
fchen Feuer gefchrieben, welches fie Ignem Sapientiæ genennet, darneben vermeldt, es fey
fein materialifch oder elementarifch, fondern ein
effentialifch oder übernatürlich Feuer, welches
auch wohl ein göttliches Feuer genennet wird,
das ift, Aqua Mercurii, welches mit dem gemeinen Feuer durch Hülffe und Kunft angereitzet
wird, thue es anfangs fittiglich mit einander
digeriren und kochen, doch gib fleißig Achtung,
daß bey Leibe fich nichts darvon fublimire, oder,
wie die Philofophi paraboliren, das Weib den
Mann nicht überherrfche, oder der Mann dem
Weib zu gewaltig werde 2c. Welches dann
feinen Procefs ferner nach einander ohne einige weitere darzu gehörige Arbeit (ausgenommen die Wartung des Feuers) von ihm
felbften allein verrichten thut: Als erftlich, wird
das irrdifche zugeführte Corpus Solis durchaus
folvirt, zermalmet, zerftöret und erfäulet, auch
aller feiner habenden Kräfften beraubet, (allda
es

es dann anfänglich eine dunckele, hernach gar
eine schwartze Farbe verursachet, welches die
Philosophi Caput Corvi, oder ihr Raabens-
Haupt genennt, und gemeiniglich in 40. Tagen geschehen thut) also, daß letzlich in solchen
seine Anima auch ausgezogen und ihm benommen, und in die Höhe geführet, auch gantz und
gar geschieden wird: Darvon es eine Zeitlang ohne alle Krafft gantz erstorben am Boden des Glases wie ein Aschen liegen bleibet.
Nach verschiedener Zeit aber, wann es mit
dem Feuer eines Grads weiter erhöhet, und
unverdrossen digerirt wird, gibt es sich allgemach tröpfflicht wieder hernieder, imbibirt, befeuchtet, träncket und erhält also das Corpus,
daß es nicht gar verschmachtet und verbrennen
thut: Steiget demnach wieder über sich, dann
wieder unter sich, und solches geschicht auch
ungefehr zu 7. mahlen: Alsdann das Feuer
abermahls eines Grads stärcker gerichtet werden muß, doch nicht der Meynung, als wann
du darmit eilen soltest. Dann das Mittel und
Regiment des Feuers, an welchem am meisten gelegen, durchaus fleißig gehalten will
werden. Hierzwischen aber werden im Glas
oder Faß mancherley Zeichen und Farben, darauf dann wohl Achtung zu geben, und man
sich darnach zu richten hat, erscheinen werden:
Wann man nun solche nach einander siehet,
so ist es eine gute Anzeigung, daß es zu einem
glücklichen Ausgang kommen werde.

Erstlich erzeigen sich Körner, gleich wie Fisch-
Augen, dann ein Circkel um die Materie, so
gleich-

gleichfam rothlecht, dann einmahl weißlecht,
ferners wird es grün und gelb, gleich einem
Pfauen-Schwantz, hernach auf das allerschönfte weiß, endlich gar Feuer-und Blutroth,
biß nach vergangener Zeit, wann dem Werck
ein gröfferes Feuer und letzte Hitz gegeben, die
Seele und Geift, mit seinem am Boden lie-
genden Leib, wiederum vollkömlich in eine
unzertrenliche und unauflößliche Firigkeit vereiniget worden ift, welche Vereinigung dann
wegen groffer unausfprechlicher Verwunderung, auch ohne Beftürtzung, Furcht und
Schrecken, nicht wohl kan gefehen oder betrachtet werden: Alsdann ein neu auferweck-
tes lebendiges vollkommenes und glorificirtes
Corpus gefehen und gefunden wird, welches
dann die allerschönfte Purpurfarb-Röthe,
gleich einem Scharlach, in fich hat, deffen
Tinctur hernach alle andere imperfecta Corpora immutirt, tingirt und heylet, darvon hernacher weiters Meldung gefchehen foll.

Wann dann das Werck mit GOttes Hülffe
alfo zu einem glückfeligen Ende gebracht, und
der Weifen ihr edler Phœnix, oder Wunder-
Vogel gefehen, fo wirft du alsdann abermahl
mit gebogenen Knien und Hertzen dem Allmächtigen, der dann der fürnehmfte Regierer
diefes gantzen Werck's gewefen ift, für feine
erzeigte herrliche Wohlthat und Gnade zu dancken; ferner, folches auch zu feinem Lob und Ehr,
und den dürfftigen Gliedmaffen zu Nutz, recht
anzulegen und zu brauchen wiffen. Alfo haft du
hiemit wahrhafftig den rechten Bericht des gantzen

ßen Procеſs, mit welchem dieſe edle Kunſt und
hohes Werck, als das Philoſophiſche Ey, und
der Stein der Weiſen, aufgeſchloſſen, zubereitet und verfertiget werden kan.

Hierbey muß auch zum Beſchluß dieſes
Theils ferner angezeigt werden, daß, ſo vielleicht hierinnen ein ungefährlicher Fehler oder
ein Mißgriff (wie dann bald geſchehen, der
doch zur Perfection ſehr hinderlich) mit unter-
lieffe, und ſich zutrüge, wie ſolchem bey Zeiten
Rath geſchafft, oder aber verholffen werden
mögte. Wann du nun erſtlich ſieheſt, daß vor
der Diſſolvirung und Schwärtze, ſich etwas
ſublimirt und auffſteigt, oder aber gleichſam wie
ein rothes Oehl (welches dann gar ein böſes
Zeichen iſt) oben auf der Materien ſchwim-
men thut;

Zum andern, wann es beneben auch vor
oder nach der Weiſſe zu bald wollte beginnen
roth zu werden;

Zum dritten, wann es am Ende ſich nicht
geben, und recht coaguli●● wolte laſſen;

Zum vierdten, wann die Materie durch die
Hitze alſo verändert und verkehrt worden wäre,
daß ſie, wann man es heraus nimmt, auf einem
glüenden Eiſen nicht alsbald wie ein Wachs
ſchmeltzen und flieſſen thut, und das Eiſen tingirt
und färben, auch im Feuer hernach nicht beſtehen, und fix erfunden werden wolte: Solches ſeynd alles merckliche Zeichen, daran zu
mercken, daß diß Werck nicht recht angeſtellet,
und geregieret, oder aber ſonſten unfleißig ver-
wahrloſet worden iſt. Welchen Mängeln und

Irrwe-

Irrwegen aber, wann die nicht überhand genommen, und bey Zeiten darzu gethan wird,
wohl zu begegnen, und sie noch wohl zurecht
gebracht werden können. Es erfordert aber
grossen Fleiß mit solchem hierin zu handeln,
und gehören darzu künstliche Handgriffe und ordentliche Mittel, die einem erfahrnen und geübten Artisten wohl sollen und werden bekannt
seyn. Ich will aber um der angehenden und
dieser Kunst Liebhabern der Discipuln willen,
dieselbige auch auß kürtzeste vermelden und andeuten. Nemlich, daß, wann dieser oberzehl-
ten Mängel oder Irrthum einer oder mehr sich
zutrüge, oder gespühret würde, so kanst du
alsdann das gantze eingesetzte Compositum wiederum von neuem solviren, und mit vorgedach-
tem Aqua Mercurii (welches die Philosophi auch
Lac Virginis oder der primæ Materiæ ihr Milch,
Blut und Schweiß; item, den unzerstörlichen
Fontem oder Aquam vitæ, das Wasser des Lebens, welches doch auch das gröste Gift in sich
hält, genennet haben) imbibiren, befeuchten
und kräftig machen, alsdann wiederum kochen,
so lange bis nichts mehr sublimirt oder über sich
begiebt und die Congelation oder Fixation an dem
Wercke sich vollkömmlich, inmassen vor diesem
angedeutet worden und recht erzeigen thut. Von
seiner nachfolgenden Fermentation und Multiplication soll im dritten Theil bey seinem Nutzen
ferner Anregung geschehen.

Hier solte ich auch von der Zeit, so dazu gehörig, wann und wie lang zu jeglichem Actu

solche Verrichtung geschehe, etwas ausführli-
cher anmelden, welches allhier mit keinem gewissen Termin nicht wohl beschrieben werden
kan. Dann gemeldte Philosophi mit demselben auch gar ungleicher Meinung seyn, sintemal, wie aus ihren Schriften zu sehen, immer
einer langsamer als der andere den Effectum
erlanget. Es ist aber vorhin erinnert und vermeldet worden, daß man in solchem allen auf
die Natur (wie sich dieselbe in andern Dingen
erzeige) gute Achtung geben werde. Wann
man nun solches thut, und dasselbe fleißig obser-
viret, auch in allem darneben das rechte Mittel
hält, so kan man ehe mit solchem Werck zur
Perfection gelangen.

Ich warne und berichte dich aber hierinnen,
daß du im Antritt der andern oder der Nach-
Arbeit mit deiner Rechnung nicht über diesen
Character X. Mittel oder Punct schreiten, sondern solt just zu zertheilen wissen, und dann ferner mit dem halben Theil gemeldtes X. Cha-
racters, (das ist V.) in der Composition dieses
Wercks zurück weichen sollest. Wann solches
geschehen, so kanst du alsdann hernach, wann
du es wieder zusammen richtest und seine XX.
Theile recht überschlägest, in derselben Zahl
oder Zeit (so ferne sonsten nichts verhinderliches
darzwischen einfällt) mit deinem Werck auch
zum Ende gelangen. Mit solcher Zeit laß dir
gnügen, sintemal den Termin näher zu suchen
sehr mißlich und bald damit gefehlet ist. Dann
eine Stunde dich einen gantzen Monat hindan
                                            wirfst,

wirft, oder, so du es trifft, um eine solche
Zeit dich befördern thut.   Doch habe Acht,
daß du nicht gar zu genau rechnest, oder,
wie vorgemeldt, gar darüber kommest: Dann
so das geschehe, du eine Mißgeburt erheben
würdest, darinnen mancher durch sein ver=
meintes Eilen oder Unkündigheit aus seinem
verhofften ELIXIR ein NIXIR erlangt und
bekommen hat.

Dieses habe ich (dieweil nicht das geringste
an dieser magischen Wissenschaft gelegen) den
Filiis Sapientiæ, solche weiter in Betrachtung
zu nehmen, nur ein wenig hierbey berühren
und anmelden wollen.

Ænigma.

Sieben Stätt und sieben Metall,
    Auch sieben Tag und sieben Zahl:
Sieben Buchstaben und sieben Wort,
    Auch sieben Zeit und sieben Ort:
Dazu ich sieben Kräuter mein,
    Auch sieben Künst und sieben Gestein:
Sieben und drey wird abgetheilt,
    Ein halbs hie niemands übereilt.
Summa, in dieser Zahl so werth,
    Ruhen all Ding auf ganzer Erd.

Proceß des ganzen Wercks kurtz angezeigt.

Die erste oder Vor=Arbeit.

Die Materi diffolvirt,
    Darauf zur Hand putreficirt,
Dieselb hernach auch diftillirt,
    So wird das Waffer coagulirt.

            Die

Die andere oder Nach-Arbeit.

Ferner, zwey Ding conjungirt,
Putreficirt und denegrirt,
Auf diß auch fleißig digerirt,
Biß es aufs schönst wird dealbirt,
Und endlich gar hoch. rubificirt,
Coagulirt und dann figirt,
Wann diß weiter wird termentirt,
So ist das gantz Werck absolvirt,
Alsdann ein solches Theil tingirt,
Daß tausend wird multiplicirt.
Oder also, welches noch kürtzer.
Such drey in einem Ding allein,
Und wiederum eins in dreyem frey.
Schleuß solches auf und wieder zu,
Alsdann die gantze Kunst hast du.

Ænigma, in welchem der Procaß auch angedeutet wird.

Dem Leib wird geben, in der Zeit,
Der Geist, welcher die Seel erfreut,
Wann der Geist die Seel zu sich zeucht,
Und in dem keins vom andern weicht,
So bleibens beysammen alle drey,
Biß der Leib aufgelöst wird frey;
Fault und erstirbt, von ihm sich scheid.
Seel und Geist, jedoch nach der Zeit
Kommt alles in der letzten Hitz
Wieder zusammen, und behält sein Sitz
Gantz in rechter Vollkommenheit
Glorificirt mit grosser Freud.

Proverb. Cap. 23.

Gib mir mein Sohn dein Hertz, und
laß deinen Augen meine Wege gefallen, 2c.

Der

Der dritte Theil.

Syrach 43.

Wer kan ihn so hoch preisen, als er ist,
wir sehen seiner Werck das wenigste.
Dann viel grösser seynd uns noch ver=
borgen, dann alles, was da ist, das
hat der HErr gemacht, und giebts
den Gottesfürchtigen zu wissen.

VOn dieser hoch=und nunmehro offterwehn=
ten Kunst oder tiefbegreiflichen Stein der
Weisen, wann der ad optatum finem gebracht,
haben die Philosophen von seinem Lob, Tugend
und Kraft, auch unaussprechlichen Nutzen
nicht gnugsam schreiben und herrlich genug prei=
sen können. Dann erstlich haben sie dieses für
die allerhöchste und gröste Glückseligkeit auf die=
ser Erden geachtet und gerühmet, ohne wel=
ches auch niemand in dieser Welt zur Vollkom=
menheit kommen oder gelangen mag. Dann
Morienes sagt: Wer diesen Stein hat, der
hat alles, und bedarf keines andern Hülfe.
Dann in ihm ist alle zeitliche Glückselig=
keit, leibliche Gesundheit und alles Glück.

Sie haben ihn auch ferner also commendirt,
daß sein Spiritus und Kraft, so in ihm verbor=
gen liegt, sey der Geist des fünften Wesens,
der unter dem Circkel des Mond=Scheins ist;
Ja, er sey des Himmels Aufhalter und des
Meers Beweger; Er sey auch vor andern
D 3 　himm=

himmlischen Geistern ein auserlesener Geist, der allersubtileste, edelste, reineste, welchem die andern alle, als ihrem König, gehorsam seynd, welcher auch den Menschen alle Wohlfarth gibt; Er heilet alle Kranckheit; Er giebt den Frommen zeitliche Ehr und langes Leben, den Bösen aber, die ihn mißbrauchen, die ewige Strafe. Und in solchem allen sey er probirt, vollkommen und unbetrüglich erfunden. Darum ihn Hermes und Aristoteles den Wahren ohne Lügen, den Gewissen des Allergewissesten, den Geheimen aller Geheimnisse, eine göttliche Kraft, die den Narren verborgen ist; in Summa, das Letzte und Höchste, so unter dem Himmel gesehen werden mag, und ein wunderbarer Beschluß und Ende aller philosophischen Wercke genennet haben. Derowegen auch etliche gottselige Philosophi gäntzlich dafür gehalten haben, daß Adamo, dem ersten Menschen, solches von oben herab geoffenbaret, so hernach von allen heiligen Alt-Vätern mit sonderlichem Verlangen begehret worden.

Dann Noe, der seine Archen gebauet, und Moses, welcher den Tabernackel und die güldene Geschirre darinnen, wie auch Salomon, zur Ehre GOttes den Tempel, und viel andere schöne zierliche Wercke, dergleichen auch alle Gerechte viele andere grosse Thaten verrichtet, ihr langes Leben und Reichthum durch solches sollen bekommen haben.

Wie dann auch die Philosophi solches selbst erkennen, daß sie durch diß die sieben freyen
Künste

Künſte erfunden, auch ihre Nahrung und Unterhaltung dadurch erworben und gehabt, welches ihnen dann GOtt zu einem Vortheil verliehen, auf daß ſie an ihrem Studiren und
der Weisheit nachzutrachten, um Armuth
willen, nicht verhindert würden. Beneben
auch von den Reichen und Gottloſen dieſer
Welt, ihnen zu heucheln, oder ſolche Kunſt
und Heimlichkeit um Gelds willen zu offenba-
ren, ſie und ihre Weisheit, Betteley halben,
verſpottet und verachtet wurden.

Ueber das haben ſie auch viel andere groſſe
und verborgene Geheimniſſe der göttlichen
Wunderwercke, auch den groſſen Reichthum
ſeiner Glorie daraus erkennet und erlernet, dadurch dann etliche Hertzen von GOtt erweckt
und angezündet, daß ſie ferner zu ſeinem Erkentniß deducirt und gebracht worden ſeyn,
dann ſie durch dieſen Schatz keinen groſſen
Reichthum, weltlichen oder zeitlichen Wolluſt
und Pracht geſucht haben, oder damit zu erlangen begehrt, ſondern vielmehr ihre Luſt und
Freude an dem Wunder in den Creaturen zu
ſehen und zu erkennen gehabt haben, welche
herrliche Geſchöpfe und Wercke des Allmächtigen ſie dann viel anderſt betrachtet und angeſehen haben, als leyder bey der jetzigen Welt
geſchicht, die dann dieſelbige ſchier nicht anders, als wie die Kühe und Kälber anzuſchauen
pflegt. Auch dieſe edle Kunſt um ihres Geitzes,
Pracht und zeitlicher Ehr und Wolluſten ſu-
chet und zu lernen begehret, mit welchen Ge-

D 4   dancken

dancken sie aber weit gefehlet, indeme GOtt
solche Gaben nicht den Gottlosen und Ver-
ächtern seines Worts, sondern nur den Frommen, sich in dieser bösen Welt ehrbar und ge-
ruhlich in Stille mit ihrem Leben hinzubringen
und zu erhalten, auch ihren dürftigen Nächsten
brüderliche Hülfreichung und Beförderung zu
erzeigen, mitgetheilet.

Den Frommen wird nun diese Kunst,
    Durch die göttliche Gnad und Gunst,
Gegeben, die mit keinem Geld
    Bezahlen mag die ganze Welt.
Davon der gemeine Hauf zumal
    Gar nichts soll wissen überall.
Der Pöbel gottlos und verrucht,
    Den edlen Stein vergebens sucht.
Wer diesen hat in Ruh und Still,
    Der wohnet sicher, wo er will.
Kein Fall noch Unglück ihn anficht,
    Kein Dieb noch Räuber fürcht er nicht.
Wenig seynd der jetzt zu der Stund,
    Denen solche Gabe wird vergunnt,
GOtt dieselbe in seinen Händen hält,
    Giebts nur diesem, der ihm gefällt.

Und nachdem von dieser Kunst würcklicher
Tugend und Nutz viel und mancherley geschrieben und durch andere weitläuftiger an Tag
gegeben worden, wie nemlich dieser Stein,
wann er præparirt und plusquamperfect gemacht worden, die höchste Medicina unter allen Artzeneyen sey, mit welchem nicht allein
alle Kranckheiten, wie die seyn mögen, als Po-
dagra und Aussatz, curiret und geheilet werden,
sondern auch, wann er von alten verlebten Leuten

ten gebraucht, dieſelben wieder verjüngert, und
zu ihrer verlohrnen Krafft und Stärcke ver-
hilfft, auch die halb Todten wieder erquicken
und zum Leben bringen könne: So will ich
doch ſolches an dieſem Ort in meinem Tracta-
tu, weilen ich kein Medicus, anſtehen und er-
weichen laſſen, damit es nicht das Anſehen haben möge, als wann ich denſelben, mit ſolchem
hohen Lob ihrer Facultät, einen Eingriff zu
thun mich unterſtehen wollte: Sondern wer
ſolchen durch GOttes Gnaden hat, und den
zu gebrauchen weiß, und ſein auch geneuſt, deme will ich das Judicium und ſeinen Ruhm
ſelber hiemit heimgeſtellet haben. Es ſoll aber
gleichwohl von ſeinen andern Qualitäten und
nutzbarlichem Gebrauch, aus täglicher und augen ſcheinlicher Erfahrung, (deren ich ſelbſt,
durch GOttes Verleihung, zum Theil genoſ-
ſen, und theilhafftig worden bin) ein wenig
vermeldet und angezeiget werden:

Erſtlich, was die Erkänntniß GOttes, wie
auch die Wunderwercke in der Natur, die durch
ſolche Kunſt offenbahrlich gemacht worden, an-
langen thut, ſo kan ich hiervon (ſeiner hohen
Würden nach) nicht genug beſchreiben oder
ausſprechen, dann hierinnen der Menſch das
Bild der Heiligen Dreyeinigkeit, in einem
göttlichen und unzertrennlichen Weſen, auch
wie dieſelbe unterſchieden, und doch nur ein
einiger GOtt ſey, beneben auch in der andern
Perſon in der Gottheit, als von ſeiner Menſch-
werdung, Geburth, Leyden und Sterben und
Auferſtehung, auch ſeine Erhöhung, und uns

D 5　　　creatür-

creatürlichen Menschen erworbene Seligkeit;
Ferners auch), von der Reinigung der Erb=
Sünde, so durch Mittel erlangt werden müs=
sen, ohne welches aller Menschen Thun und
Lassen, und alle Wercke sonsten vergebens und
nichts seynd; In Summa, alle Articul un=
sers Christlichen Glaubens, und den gantzen
Proceß, den der Mensch durch diesen Jam=
merthal hindurch verrichten müssen, bis er auch
zu einem neuen Leben erstehet, artlich und
schön, gleich als in einem Spiegel, vorgestellt,
oder sonst abgemahlet, zu ersehen hat, darvon
hernach im vierten Theil etwas weiters gedacht
werden soll.

Zum andern, was den leiblichen und natür=
lichen Nutzen, so von solchem zu haben herrüh=
ret, wie nehmlich durch seine Tinctur alle un=
vollkommene Metallen perfect und zu klarem
dichtem Gold immutirt und verändert werden
können, will ich hiebevor, gethaner Vertrö=
stung nach, dasselbige jetzt auch kürtzlich ver=
melden und anzeigen.

Solcher offterwehnter Stein oder Elixir,
wann er zu dem Effect so weit gebracht, und
ferner zu erstgemeldtem Gebrauch dienen, und
tingiren solle: So muß derselbige noch weiter
fermentirt und augmentirt werden, dann er
sonsten mit seiner Tinctur, wegen seiner Sub=
tiligkeit, keine fügliche Projection in den an=
dern unvollkommenen Metallen und Corpori-
bus nicht wohl haben mag.

Derowegen man dann erstlich einen Theil
der offtermeldten Medicin nehmen soll, zu die=
sem

sem Theil sollen drey Theil am Gewicht des
besten und fürnehmsten Golds, das durch den
Antimonium getrieben, und durchläutert worden, auch hernach dünnest so möglich geschlagen ist, genommen, und zusammen in einen
Schmeltz-Tiegel gethan, und ins Feuer gesetzt
werden, dieselben wohl schmeltzen und fliessen
lassen, inmassen einem jeden Artisten, wie solches wohl zugericht, zuvor wohl wißlich seyn
werde.

Wann nun solches geschehen, so wird alsdann das eingesetzte Compositum auch zu einer
lautern und kräfftigen Tinctur, und kan man
hernach mit einem solchem Theil Tinctur auf
schlechte und geringe Metallen 1000. Theil
tingiren und zu pur lauterm Gold machen.

Merck aber, je näher die Metallen in der
Materien verwandt, und je reiner sie seyn, je
leichter es auch solche annimmt, und die Multiplication desto höher und ersprießlicher sich erzeigen thut. Dann alles unreines und unge-
schicktes, was sich allhie befindet, abgeschieden,
und als ein Schlacken hinweg geworffen wird.
Ingleichen man auch mit imperfecten Metallen, und mangelhafften Edelsteinen, auch eine
hohe Gradirung und Transmutation zu wege
bringen, beneben einem Crystall so hoch tingiren kan, daß er den alleredelsten Gesteinen
gleich gehalten wird, auch viel andere Dinge
mehr, die der gottlosen Welt nicht zu eröff-
nen seynd, dadurch verrichtet werden können.
Solche und dergleichen wohl herrliche Dinge
offtgemeldte Philosophi, wie auch noch alle
rechte

rechte Chriſten, die mit dieſer Kunſt und Klei-
nod von GOtt begabet, für das ſchlechteſte und
geringſte in dieſem Magiſterio gehalten und geachtet haben, dann ſie gegen der vorigen ge-
achten herrlichen Erkänntniß der himmliſchen
Dingen, gantz und gar als nichts zu vergleichen ſeyn.

Und du ſolt in Wahrheit wiſſen, daß, weme
der Höchſte ſolche Gabe verleihet, derſelbige
alles Geld und Gut, und anders Zeitliche auf
dieſer Erden gegen den himmliſchen Gütern,
nicht anders als wie Koth auf der Gaſſen be-
lieben thut. Dann ſein Hertz und Verlangen
ſich nur dahin ſehnet, daß er im ewigen Leben
dasjenige, was er allhier irrdiſcher figürlicher
Weiſe oder Geſtalt geſehen, auch himmliſcher
Weiſe in der That und Wahrheit ſchauen und
genieſſen möge. Wie dann ſolches der hoch-
weiſe König Salomon in libro Sapient. Cap.
7. auch bezeuget, da er ſpricht: Ich hielte die
Weißheit theurer dann Königreich und Für-
ſtenthum, und Reichthum hielte ich für nichts
gegen ſie, wie geringer Sand und Silber iſt,
wie Koth gegen ſie zu achten. Derhalben diejenige, ſo dieſe Kunſt anderer Geſtalt, als nur
zur zeitlichen Ehre, Reichthum und Wolluſt zu
erlangen begehren, für rechte Thoren zu halten
ſeyn, als denen doch nimmermehr dieſes, ſo
ſie mit groſſen Koſten, Mühe und Arbeit ſo
lang ſuchen, auch ihr Hertz, Sinn und Gemüth damit quálen und betrüben, wiederfahren mag. Darum die Philoſophi den zeitlichen Reichthum, als Gut und Geld, (nicht daß

es

es an ihm selbsten bös, dieweilen im ersten
Buch Mosis am 2. Cap. und anders wo mehr,
es für ein köstlich Ding, und herrliche Gabe
GOttes gerühmet wird) sondern um des
schändlichen Mißbrauchs halben, so gar veracht und geringlich, auch verderblich, gehalten
haben, als welches nicht das Gute zu GOtt,
sondern ein solches Ding, daß zu dem rechten
und wahren Gut zu kommen, den Menschen
grosse Hinderniß gebe, auch alles andere, was
in dieser Welt sonst recht, in ein verkehrtes
Wesen bringen thut, wie dann der weitberühm-
te Marcellus Palingenius Stellatus solches auch
fein erkennet, und in seinen nachfolgenden Poë-
matibus herrlich angedeutet und beschrieben, da
er spricht:

O du Geitz und unreine Sucht,
Du schnöde Lieb zum Geld verrucht!

Reliqua vide in ipso Palingenio, sub signo
Sagittarii fer. ad finem.

Aus diesem kan man abnehmen, wie obgemeldter hocherleuchter Mann, der dann auch
diese Kunst wahrhafftig gehabt, wie aus seinem Zodiaco Naturæ zu sehen, das Zeitliche,
als Geld und Gold, gegen der Tugend nichts
geachtet habe.

Derhalben auch alle, wie vorgemeldet, der
Weisheit und der Erkänntniß der himmlischen,
den irrdischen und vergänglichen Dingen weit
vorgezogen, und in ihrem gantzen Leben, mit
allem ihren Thun, nur auf den Ausgang und
das Ende gesehen haben, und letztlich dahin ge-
tracht-

trachtet, wie sie nach ihrem Abschied dardurch
ein unvergänglich Lob und unsterblichen Nahmen erlangen und bekommen mögten: Wie
dann diß der weise König Salomo Proverb.
16. auch lehret; da er sagt: Nimm die Weißheit an, dann sie ist besser dann Gold, und Verstand haben, ist besser dann Silber. Ferner
auch im 22. Cap. Ein guter Nahme und Ge-
rücht ist köstlicher dann grosser Reichthum, und
Kunst besser dann Gold und Silber. Dergleichen auch der weise Mann Syrach am 24. Cap.
vermahnet: Siehe, daß du einen guten Nahmen behaltest, dann der bleibt gewisser dann
tausend Schätze Golds. Um solcher und dergleichen Tugend willen, so aus solcher Philoso-
phie des Lapidis herfliessen, haben sie denselben,
wie vor diesem auch gemeldt, nicht hoch genug
erheben und preisen können. Deßwegen sie
in ihren Schrifften allen Fleiß angewendet, damit solche Kunst weiters fort gepflantzet, die
Weißheit angenommen, und derselben nachge-
lebet würde. Aber es ist den Unweisen alles
dunckel, finster und schwer zu verstehen, wie
dann Salomon in seinen Sprüchen vom Anfang bis zum 6. Cap. durchaus solches auch
klaget, und mit allem Fleiß zu solcher sich zu finden ermahnen thut Eccl. c. 3. Liebes Kind,
bleibe gern im niedrigen Stande, das ist besser dann alles, da die Welt nachtrachtet; Je
höher du bist, je mehr demüthige dich, so wird
dir der HErr hold seyn. Dann der HErr ist der
Allerhöchste, und thut grosse Dinge durch die
Demüthigen.

Der

Der vierdte Theil.

Psalm 78. Matth. 13.

Ich will meinen Mund aufthun in Gleichnissen, und will aussprechen die Heimlichkeiten von Anfang der Welt.

Wann der Allmächtige GOtt, durch seine göttliche Stimme, dem menschlichen Geschlecht etwas wichtiges und sonderliches von seinen wunder-hohen himmlischen Geheimnissen hat wollen offenbahren oder kundbar machen, so hat Er solches gemeiniglich in Gleichnissen oder Fürbildungen, die uns in diesem irrdischen Leben bekannt und täglich vor Augen seynd, uns vorgestellet und abgemahlet, als zu einem Exempel, da GOtt im ersten Buch Mosis am 3. Cap. dem Adam im Paradeis nach seinem Fall, seine Straffe, als die Sterblichkeit und leiblichen Tod, anzeigen wolte, gab er ihm dasselbige solcher Gestalt zu verstehen, dieweil die Erden für sich selbsten kein Leben hat, und er von der Erden genommen war, er auch wiederum derselben gleich werden solte. Item, Gen. 15. und 22. Cap. da GOtt dem Abraham die Vermehrung seines Geschlechts will zu verstehen geben, heisset er ihn die Sterne am Himmel, neben dem Sand am Meer, und den Staub der Erden, zu einem Vorbild anschauen; Dergleichen viel und mancherley leibliche Vorbildungen
gen

gen hat auch GOTT in den Propheten seinem
Volck Israel, wann er etwas sonderliches mit
ihnen vorgehabt, vormahlen, vertrauen und
zeigen lassen: Welches dann hernach in seinem
Testament Christus, als der Mund und Grund
der Wahrheit, solches auch gethan, und alle
Dinge durch Gleichnissen, seine Lehre desto
besser zu verstehen, angezeigt und für Augen
gestellet, als nehmlich, da er uns die höchste
Seeligkeit, sein göttliches Wort, das Evangelium, angedeutet, da braucht er zum Vorbild den guten und bösen Saamen und Un-
kraut, so auf den Acker gesäet.   Item, den verborgenen Schatz und Perlein, das Weitzen-
Korn, auch Senffkorn, und Sauerteig.

Ferners, da Er uns das Himmelreich vor-
mahlet, gibt Er uns das Gleichniß vom gros-
sen Abendmahl und Hochzeit des Königs:
Wie auch zum dritten, die gantze Christliche
Kirche, und ihren Zustand vergleicht er dem
Weinberg, dem König, der mit seinen Knech-
ten rechnen wolte.   Item, Er brauchet die
Gleichniß von dem edlen Herrn, der seinen
Knechten sein Gut ausleihet; Vom verlohr-
nen Schaaf und Groschen; Dem verlohrnen
Sohn, und der Gleichnissen sehr viel.

Dieweil dann uns solche Exempel und Gleichnissen allein darum gegeben, damit wir dasjenige, was himlisch, und menschlicher Schwachheit schwer zu begreiffen, desto leichter verstehen und besser imaginiren können; Wie viel
mehr und eher wird der Ewige GOtt das allerhöchste Gut, nehmlich seinen Sohn Christum

Marginal references:
Luc. 8.
Math. 13.
Item 23.
Luc. 19.
Math. 20.

Math. 18.
Luc. 16.
Math. 25.
Luc. 18.
Marc. 12.
Luc. 19.
Luc. 10.

stum JEsum, unsern einigen Heyland und Er-
löser, der das gantze menschliche Geschlecht,
durch seinen Gehorsam und Verdienst von dem
ewigen Tod erlöset, und das Himmelreich erworben hat, uns in einer leiblichen Figur vorgestellt und abgebildet haben; Sintemahl solches das allerhöchste Geheimniß GOttes des
Allmächtigen, den Menschen am schwersten zu
fassen und zu begreiffen ist. Und, ob uns wohl
solches im Alten Testament, sonsten auch in
Vorbildungen ist angedeutet worden, als in
Isaacs Opfferung, Jacobs Leiter, Josephs
Verkauffung und wunderlichen Zustand, in der
ehrnen Schlangen, in Samson, David und
Jona: So hat doch GOtt der Allmächtige solches hohe und himmlische Gut, zum Ueberfluß
auch mit einem andern, gleichwohl wunderbarlichen und geheimen Ding, uns Menschen auf
Erden, zu dem grossen Welt-Buch der Natur, vorgewiesen und an den Tag gegeben, damit, wir neben andern, auch eine leibliche, sichtbarliche und greiffliche Contrafactur solcher
himmlischen Gaben und Geschencke haben
möchten. Welches irrdische und leibliche Ding
er uns dann selber in seinem Wort also vor-
legt, da er in dem Propheten Esai. am 28 Cap.
also spricht: Siehe, ich lege in Sion einen
Eckstein, einen bewährten Stein, der wohl gegründet ist, wer glaubt, der fleugt nicht.

Desgleichen der Königliche Prophet David
durch den Geist GOttes spricht im 118 Psalm:
Der Stein, den die Bauleute verworffen haben, ist zum Eckstein worden, das ist vom

E   HErrn

[Marginal notes:] Ephes. 3. Coloss. 1. Esa. 45. Ihr Himmel thauet herab und die Wolcken regnet den Gerechten, die Erde thue sich auf, und grüne her-für den Heyland.

HErrn geschehen, und ist ein Wunder vor unsern
Augen. Wie dann diese Vorbildung der an-
gedeutete himmlische Eckstein Christus selber
auch auf sich zeucht, da er spricht Matth 21.
Habt ihr nicht gelesen in der Schrifft? Der
Stein, den die Bauleute verworffen haben, ist
zum Eckstein worden, von dem HErrn ist es
geschehen, und es ist wunderbarlich vor unsern
Augen, und wer auf diesen Stein fällt, der
wird zerschellen, auf welchen er aber fällt, den
wird er zermalmen. Welches St. Peter Act.
cap. 4. und in seiner Epistel; dergleichen auch
Paulus Rom. Cap. 9. mit fast gleichen Worten wiederholen und beschreiben.

Luc. 10. Auf diesen bewährten, gebenedeyten und
v. 23. 24. himmlischen Stein, JEsum Christum, haben
von Anfang der Welt alle Ertzväter und heilige Patriarchen, wie auch nach ihnen alle
von GOtt erleuchte Menschen, mit grossem
Verlangen gehoffet, auch von GOtt gebeten,
daß er ihnen, solcher Verheissung nach, auch in
leiblicher und sichtbahrer Gestalt ihn mittheilen
Rom. 10. und sehen lassen wolte. Demnach, wann sie
v. 12. 13. solchen im Geist recht erkannt und erlangt gehabt, sie sich in ihrem gantzen Leben darmit
erlustiget und erfreuet, und in aller Gefahr, so
ihnen begegnet, bis an ihr Ende aufgehalten
haben.

Und wiewohl dieser himmlische und gesegnete Stein von GOtt dem gantzen menschlichen
Geschlecht, Reichen und Armen, ohne allen
Verdienst lauter und umsonst geschenckt, und
ingemein gegeben worden: So haben ihn doch
von

von Anbeginn her, bis dato, der weniger Theil Matth. 11.
Menschen in dieser Welt finden, ergreiffen, v. 6.
und fassen mögen; Ja, dem mehrern Theil
ist er allezeit verborgen, und ein schwerer An-
stoß und Aergerniß gewesen, wie er dann solches
Esa. am 8 Cap. zuvorhin auch geweissaget, da
er spricht: Er wird seyn ein Stein des Anstos-
ses, und ein Fels der Aergerniß.   Item, ein
Fall und Strick, da ihrer viel sich daran stossen, fallen, zerbrechen, verstrickt, und gefangen werden, welche der Altvater Simeon Luc.
cap. 2. auch im Geist gesehen, da er zu Maria, des himmlischen Ecksteins Mutter, spricht:
Siehe, siehe, dieser wird gesetzt zu einem Fall
und Auferstehung vieler in Israel, und zu einem Zeichen, dem widersprochen wird. Dergleichen solches auch St. Paulus ad Rom. 9.
bezeuget: Sie haben sich gestossen an den Stein
des Anlauffens, und einen Felsen der Aergerniß: Dann, wer an ihn glaubt, der soll nicht
zu Schanden werden.   Item, Sanct Petrus
in seiner 1. Epistel am 2. Dieser Stein ist den
Gläubigen köstlich, den Unglaubigen aber ist er
ein Stein des Anstossens, und ein Fels der
Aergerniß, die sich stossen an dem Wort, und
glauben nicht daran, darauf sie gesetzt seyn. Exd. 17.
Wie nun dieser jetztgemeldte köstliche und himmlische Stein mit dem zuvor offterwehnten irrdischen und leiblichen philosophischen Stein
sich accordire, und durchaus fein und artlich
übereinstimme, soll allhie solches gründlich, und 1. Cor. 3.
nach ihrer beyder Beschreibung noch darge-
than, und einer gegen dem andern gehalten,

E 2   und

und verglichen werden, daraus dann unwider‑
sprechlich zu erkennen und zu sehen seyn wird,
wie daß der irrdische philosophische Stein eine
wahre Harmonia, Contrafractur und Vorbild
des wahren geistlichen und himmlischen Steins,
JEsu Christi, seye, in welchem er uns von
GOtt auch leiblicher Weise fürgestellet und
sichtbarlicher Gestalt fürgewiesen wird.

1. Cor. 2. Anfangs nun, gleich wie an der wahren Er‑
Wir re‑ känntniß der primæ Materiæ des vorerwehnten
ten von
der heim‑irrdischen philosophischen Steins (so da für
lichen. das Principal‑Stück und höchste Verborgen‑
Rom. 11. heit zu halten) denen, die solchen zubereiten,
O welch
eine Tief‑und dardurch in diesem zeitlichen Leben allen
se! Glückseligkeit (so uns von GOtt in Ewigkeit
bereitet worden) ererben und erlangen wollen,
auch gleichfals an Erkenntniß des himmlischen
ewigen Steins (das ist, des rechten und wah‑
ren lebendigen GOTTES, Schöpffers Him‑
mels und der Erden, so ein unzertrennliches
Dreyeiniges Wesen) noch viel mehr und hö‑
her gelegen, und zu wissen vonnöthen, deswe‑
gen dann auch droben im ersten Theil des Ein‑
gangs‑Weg, die allgemeine Natur, samt ih‑
ren Eigenschafften, ohne welche dasselbige
Werck sonsten vergeblich angefangen und ange‑
stellet wird, vor allen Dingen wohl zu lernen,
und zu erkennen ist, erinnert und vermahnet
worden. Dann, so der Mensch zu dem höch‑
sten Gut kommen will, muß er nothwendig
vor allen Dingen, erstlich GOTT, und sich
selbsten erkennen lernen. Sintemahl GOtt
und sich selbst erkennen lernen, (das ist, wis‑
sen,

sen, wer wir Menschen seyn, woher wir rüh-Act. 17.
ren, und wozu wir erschaffen, auch wie naheDann in ihm le-ben.
wir mit GOTT verwandt, für die höchste
Weißheit, ohne welche sonst sehr mißlich und
schwer, ja auch unmöglich zu obgemeldter
Glückseeligkeit zu kommen, billig gerühmet und
gehalten werden solle.

Wo, und wie aber solche Erkenntniß dieses
höchsten und himmlischen Gutes zu finden, oderEccl. 24.
zu erkennen sey, oder zu lernen, ist zu wissen,Ich bin allenthal-ben.
daß dieselbige auch gleich dem irrdischen philosophischen Stein, so seiner Beschreibung nach
in einem und in zweyen, so allenthalben gefunden, nur in einem und doch zweyen, so auch
allenthalben ist, gesucht, und erzeuget soll und
werden muß, welches dann nichts anders, als
GOttes ewiges Wort, und die heilige göttli-Esa. 8.
che Schrifft das Alte und Neue Testament ist,Ja nach dem Ge-setz.
in welchem der rechte himmlische Grund und
Eckstein, einig und allein gesucht und zu erforschen seyn will.   Wie dann GOtt der Vater
in der Verklärung, auf dem Berg Thabor geschehen, auch auf diß sein Wort zeiget, da er
spricht Marc am 9. Luc. am 9. Diß ist mein
lieber Sohn, den sollet ihr hören. Dergleichen auch Christus, das wesentliche und ewige
Wort GOttes selbst, solches auf sich weiset, da
er spricht Joh. 14. Ich bin der Weg, die Wahr-Psal. 119.
heit, und das Leben, niemand kommt zum
Vater, dann durch mich, zu der heiligen gött-Esai. 34.
lichen Schrifft, oder gründlichen Zeugniß des
göttlichen Worts. Esa 8. spricht er, zum Ge-
setz und Zeugniß: Und Christus, gemeldter Eck-

stein,

stein, selber Johann. 5. solches auch zum Theil
erfordert und haben will, da er sagt: Forschet
und suchet in der Schrifft, dann ihr meinet,
ihr habet das Leben darinnen, und sie ist es,
die von mir zeuget. Daher David im 119.
Psalm solches lang zuvor auch bekannt, da er
spricht: HErr, ich habe Lust an deinen Zeugnissen, die seyn meine Rathsleute, dein Wort,
HErr, ist meiner Füssen Leuchte, und ein Licht
auf meinem Wege? Ich freue mich des We-
ges deiner Zeugnissen mehr, als über allerley
Reichthum. Item, ich betrachte meine Wege, und kehre meine Füsse zu deinen Zeugnissen.

Gen. 33.
Psal. 45.
Esa 9.49.
Jer. 32.
Joh. 10.
Röm.14.9
1. Cor. 5.

Ferner, wo und an welchem Ort in heiliger
Schrifft dieses himmlischen Steins seine prima Materia, oder Wesen gegründet und gezeu-
get werde, ist solcher an vielen Orten, hin und
wieder, gründlich und klärlich angedeutet und
für Augen gestellet, als sonderlich im Propheten Mich. am 5. Cap. stehet: Dessen Ausgang
von Anfang und von Ewigkeit her gewesen ist.
Und er der himmlische Eckstein selber bezeuget
solches auch Johann. 8. als ihn die Juden
fragten, wer er sey, antwortet er: Erstlich der,
der ich mit euch rede; und ferner spricht er: Warlich, warlich, ich sage euch, ehedann Abraham war, bin ich). Aus welchen Zeugnissen
dann unwidersprechlich folget, wie daß er keinen Anfang, sondern von aller Ewigkeit her sein
Primum Ens gehabt, und ohne alles Ende auch
in Ewigkeit bleiben wird. Und wiewohl solche
Erkenntniß sonsten anderswo nirgends, als in
GOttes Wort, Alten und Neuen Testament
stehet,

Eccl. 24.
Von der
Welt An-
fang.

ſtehet, und daraus erlanget, auch erzeuget wer=
den kan: So will ich doch demjenigen, ſo Der= 1. Tim. 3.
ſelben nachſuchet, anzeigen, daß groſſer Fleiß Und weil
hierinnen anzuwenden ſey. Dann, im Fall ei= du von
ner in ſolcher Erkenntniß anfangs irrete, oder
einen Mißgriff hierinnen begienge, er alsdann
ſeine gantze nachfolgende Bemühung ferners
vergeblich anlegen würde. Darum ſich dann
ein jeder wohl prüfen, und den rechten gülde=
nen Griff in Unterſcheidung des Worts hier=
innen recht erlernen, die Augen (verſtehe des
Gemüths und der Seelen) wohl aufthun, und 1. Joh. 5.
ſolches mit dem innerlichen Licht (ſo GOtt an=
fangs in unſer Natur und Hertz angezündet)
beleuchten, erſehen und erkennen ſoll; Dann
welcher es nur mit den äuſſerlichen und leibli=
chen Augen (buchſtäblicher Weiſe) ohne das
innerliche Auge und göttliche Licht erlangen
will, kan derſelbige ſo bald einen Saulum vor ei=
nen Paulum erſehen, und an ſtatt des rechten,
ihm einen Irrweg oder Mißverſtand daraus er=
wehlen oder ſchöpffen. Dann, gleichwie die=
ſes in dem irrdiſchen Stein ſeiner Beſchrei=
bung nach, vielen tauſend Menſchen begegnet
iſt: Alſo auch in dieſes Himmliſchen Notitia
täglich es (leyder GOtt erbarms) an dem gröſ=
ſern und mehrern Theil ſich erzeigt und erregt,
welches aber gleichwohl, nicht des Worts, oder
Buchſtabens, (dann daſſelbe beyderſeits wohl
gegründet) ſondern vielmehr des Auges, ſo in
dem Menſchen falſch, allein die Schuld iſt,
und demſelben zugemeſſen werden ſoll. Wie
dann Chriſtus Luc. 11. ſpricht: Das Aug iſt

des Leibes Licht, so aber dein Aug ein Schalck ist, oder seyn wird, so ist auch dein Leib finster, oder macht das Licht in dir Finsterniß seyn. Item, am 17. Capitel spricht Er auch: Siehe, das Reich GOttes ist inwendig in euch; aus welchem dann klärlich zu sehen, daß die Erkenntniß des Lichts im Menschen, erstlich von innen heraus, und nicht von aussen hinein, gebracht werden muß, wie solches die heilige Schrifft an vielen Orten hin und wieder bezeuget.

Daß das äusserliche Objectum (wie man zu reden pflegt) oder der Buchstabe, welcher um unserer Schwachheit geschrieben, dem innerlichen, von GOtt eingepflantzten, und verliehenen Gnaden-Licht, nur für ein Zeugniß Matth. 24. wie auch das mündliche gehörte Wort, für eine Anreitzung und Mittelhülffe, oder Beförderniß zu solchem zu achten und zu halten ist. Als zu einem Exempel, wann dir eine weisse und schwartze Tafel wird fürgelegt, und würdest gefragt, welches aus ihnen beyden für schwartz oder weiß zu halten sey. So die Erkenntniß aber der zweyen unterschiedlichen Farben nicht vor in dir wäre, würdest du mir solche dir fürgelegte Frage aus den blosen und stummen Objectis oder Tafeln langsam zu erörtern wissen. Sintemahl die Erkenntniß nicht aus den Tafeln (so stumm und todt seyn auch sich selbst nicht erkennen können,) sondern aus deinen dir angebornen und täglich geübten Wissenschafften herrühret und fleusset. Die Objecta zwar (wie zuvor auch gedacht) moviren

Joh. 2. Solches hab ich euch geschrieben von denen die euch verführen.

ren die Senſus, und verurſachen ſie zum erken=
nen, das Erkenntniß aber geben ſie mit nichten,
ſondern muß von innen heraus, aus dem Er=
kenner, und ſolcher Farben Wiſſenſchafften ju-
dicando kommen und herfür gebracht werden.
Alſo auch, wann man von dir ein materialiſch
und äuſſerliches Feuer oder Licht aus einem
darzu gehörigen Feuerſtein (in dem das Feuer
oder Licht verborgen) zu haben begehrte, muſt
du ſolch verborgen und heimlich Licht, nicht in
den Stein hinein, ſondern vielmehr, durch ei=
nen darzu gehörigen Stahl, ſo nothwendig
darbey ſeyn , und das verborgene Feuer in
dem Stein moviren und erwecken muß, aus
dem Stein heraus bringen und offenbarlich
machen, welches Feuer aber gleichwohl auch
vor allen Dingen in einem guten und
hierzu wohl präparirten Zunder, ſo fern es an=
ders nicht verſchwinden oder verlöſchen ſoll,
aufgefangen, und fleißig aufgeblaſen werden
muß: Da du alsdann hernach ein recht ſchei=
nendes und Feuer=leuchtendes Licht überkom=
men, und ſo lang es fovirt, und erhalten wird,
deinem Gefallen nach darmit ſchaffen, handeln
und wandeln wirſt können.   Wie dann auch
in dem Menſchen ſolches himmliſche und gött=
liche Licht ebenermaſſen verborgen, und auch,
wie vorgemeldt, nicht von auſſen hinein in den
Menſchen, ſondern von innen heraus kom=
men und gebracht werden muß.   Welches ſo
es anfänglich von GOtt, durch einen wahren
Glauben, und dann ferner, durch Mittel und
Hülffe, durch das geleſene, gehörte, gepredig=

E 5   te

te Wort, hernacher, durch den Heiligen Geist, den uns Christus erworben und zu geben versprochen hat, in unserm dunckeln, jedoch glüenden Hertzen, als in einem Zunder, wiederum recht aufgeblasen, erzündet und scheinend gemacht werden kan, in welchem unserm Hertzen GOtt hernach alsdann schaffet und würcket: Sintemahl er in dem glaubigen Hertzen, und in einem Licht, dahin niemand kommen kan, seine Wohnung haben will. Dann, obwohl kein Mensch mit den leiblichen äusserlichen Augen GOtt jemahls gesehen oder sehen kan, mag er doch mit den innerlichen Augen des Hertzens. gesehen, geurtheilt und erkannt werden. Und obwohl auch dasselbige bemeldte helle Licht in die gantze Welt, geschienen, und alle Menschen ohne Unterscheid noch täglich erleuchtet: So will gleichwohl die Welt ihrer verderbten Art nach, dasselbige nicht recht sehen, noch vielweniger erkennen. Darum auch so mancherley Irrwege und schädliche Opiniones darvon gehöret werden: Welches dann hierinn wohl zu betrachten, und auch darbey sonderlich wahr genommen und gemerckt werden solle. Nemlich, daß GOtt dem Menschen im höchsten Theil seines Leibes, nicht ungefähr oder vergeblich, zwey Augen und Ohren mitgetheilet und geben hat, darmit anzudeuten, daß der Mensch bey ihm zweyerley Sehen und Gehör, ein innerliches und äusserliches, zu lernen und in acht zu nehmen hat, also, daß er mit dem innerlichen, geistliche Sache richten, und das Geistliche dem Geistlichen, das äusserliche aber, auch seinem

Theil

Theil 1. Cor. 2. zueignen und geben ſoll. Welche Unterſcheidung dann in dem Wort des Geiſtes, und auch ferners des Buchſtabens fleißig
will obſervirt und gehalten werden, um welches willen ich auch ſolches den Einfältigen, ſie
zu beſſerer und ſchleuniger Erkenntniß (des
rechten Dreyeinigen Steins, an deme am mei-
ſten gelegen) zu bringen und anzuführen, ein
wenig andeuten, und gleichſam zu einer Erinnerung habe berühren wollen.

Gleichwie aber die Materia des irrdiſchen philoſophiſchen Steins für der Welt gar gering
und unwerth geachtet, ja gleichſam für ein verworffen Ding angeſehen und gehalten wird:
Alſo und ebenermaſſen werde auch Chriſtus,
das ewige Wort des Vaters, das edle Klei-
nod, und der himmliſche bewährte Dreyeinige
Stein, von dem mehrern Theil der Menſchen
in dieſer Welt, auch verachtet und vernichtet,
und aus den Augen geſetzet, und alſo jetzo (in
Wahrheit zu reden) ſchier nichts unwerthers
und geringſchätzigers, als eben GOttes ſeelig-
machendes Wort.

Daher es dann auch 1. Cor. 2. ſonderlich
den Weiſen dieſer Welt eine Thorheit genennet wird, ja es wird nicht allein gering geſchätzt
und verachtet, ſondern auch noch darzu als
eine Ketzerey verdammt und verbannet, welches
wohl einem GOttes-Hertzen ſchmertzlich und
erbärmlich zu vernehmen, will geſchweigen, zu
ſehen, oder zu erfahren ſeyn ſolte. Aber wie
dem allen, ſo müſſen die Rechtglaubige dardurch probirt und bewährt, wie auch die vor-
angt-

angezogene Zeugniſſen recht folgends erfüllet
werden. Welche auch Johan. am 1. bezeuget,
da er ſpricht: Es war (verſtehe das Wort) in
der Welt, und die Welt kannte es nicht. Item,
Er kam in ſein Eigenthum, und die Seinen
nahmen ihn nicht auf. Ferners, wie der leib
liche und irrdiſche Waſſerſtein der Weiſen, deſ
ſen Krafft und Tugend nicht zu ergründen,
neben ſeiner Materia viel und mancherley Nah
men von den Philoſophis bekommen hat: Al
ſo und ebenermaſſen hat auch ſolches einiges
Numen und Lumen , deſſen Krafft und All
macht auch nicht zu erforſchen, in heiliger gött
licher Schrifft viel und mancherley Titul und
Nahmen, als die fürnehmſten nur kürtzlich zu
erzehlen.

Er wird genennet Lapis Philoſophorum, der
uhralte, verborgene oder unbekannte, natürli
che, unbegreifliche, himmliſche, gebenedeyte, ge
ſegnete Stein der Weiſen Er wird genennet
der Wahre ohne Lügen; Der gewiſſe des al
lergewiſſeſten; Der geheime aller Geheimniß;
Eine göttliche Krafft, ſo den Narren verbor
gen; Das höchſte und letzte, ſo unter dem Him
mel zu erſehen; Ein wunderlicher Beſchluß
und Ende aller Philoſophen Werck. Item, er
wird genennet eine bequeme vollkommene Ver
gleichung aller Elementen; Ein unzerſtörlicher
Leib, ſo von keinem Element mag angegriffen
werden. Item, das fünffte Weſen; Ein zwie
facher und doppelter, lebendiger und lebendig
machender Mercurius, ſo einen himmliſchen
Geiſt in ſich hat; Eine Heilung aller kran

cken und imperfecten Metallen; Ein ewiges
Licht; Die höchste Medicin aller Kranckheiten;
Der edelste Phœnix; Der allerhöchste edelste
Schatz, oder das höchste Gut der Natur; Der
allgemeine Dreyeinige Universal-Stein, so von
Natur aus Dreyen zusammen gesetzt, und
doch nur einig ist; Ja auch aus 1. 2. 3 4. und
5. erzeugt und gemacht wird; Item, Magnesia Catholica, oder Sperma Mundi: Ein Saamen der gantzen Welt, und was dergleichen
Nahmen und Tituln bey den Philosophis mehr
zu finden, welche alle nicht unfüglich in der al-
lerhöchsten und vollkommensten Zahl Tausend
genannt und begriffen werden können. Wie
nun, sag ich, dieser irrdische und philosophische
Stein, neben seiner Materia, viel und mancherley Nahmen, ja wohl tausend hat, auch
hin und wieder wunderbarlich genannt wird:
Also können diese und dergleichen obgesetzte Titul und Nahmen vielmehr, ja in dem aller-
höchsten Grad, von GOtt dem allmächtigen
Gut gesagt und gesprochen werden; Sintemahl ja GOtt, ja GOttes Hertz, sein ewiger Esai. 28.
Sohn, der rechte, ewige, köstliche und bewähr- Psal. 118.
te Eck- und Grund-Stein ist, den die Bauleu- Math. 21.
te verworffen, und in die Acht gethan haben. Act. 4.
Er ist der rechte alte, ja uhralte, so vor der Rom. 9.
Welt Grund gewesen und von Ewigkeit, Dan. 1. Petr. 2.
7. Esai. 43. Psal. 90. Er ist der rechte ver- Esa. 45.
borgene und bekannte GOtt, übernatürlich
und unbegreiflich, und himmlisch, gebenedeyt
und hochgelobt, Marc. 16. Allein seligmachend,
ja ein GOtt aller Götter, Deut. 10. Er ist,
                                              der

der rechte Wahrhaftige, der da nicht lügen kan,
Num. 23. Esai. 53. Rom. 3. der Allergewis-
seste, zu thun und zu schaffen, was er will, oder
der allein Mächtige, Gen. 17. Eph. 3. Der
Geheimste und Ewige, in dem alle Geheimnisse und Schätze der Weißheit verborgen liegen, Rom. 16. Coloss 2. Die allein göttliche Krafft und Allmacht, so den Narren oder
Weisen dieser Welt verborgen, Psalm 147.
Jer. 10. Prov. 8. Matth. 11. Esa. 44. Der
Erste und Letzte im Himmel und auf Erden.
Er ist die rechte, einige, vollkommene Vergleichniß aller Elementen, von dem, und durch den,
und in dem, alle Dinge seyn und herkommen,
Röm. 11. Jac. 1. Eines unzerstörlichen Wesens, so da von keinem Element hat getrennet
oder geschieden werden können, Ps. 16. Act.
2. 13. Item, er ist das fünfte Wesen, ja das
Wesen aller Wesen, und doch eigentlich kein
Wesen. Er ist der rechte zweyfache Mercurius,
oder Gigas geminæ Substantiæ, der Held aus
zweyen Wesen bestehend, wie der Hymnus von
Christo lautet: GOtt von Art und Mensch,
ein Held, der einen himmlischen Geist in sich
hat, so alle Dinge lebendig macht, ja das Leben selbst ist, Sap. 7. Esa. 42. Joh. 14.

Er ist der einige vollkommene Heyland aller
unvollkommenen Cörper und Menschen, ja der
rechte himmlische Seelen-Artzt, das ewige Licht,
so alle Menschen erleuchtet, Esa. 60. Joh. 1.
Die höchste Medicin aller Krancken, nemlich
die rechte geistliche Panacæa, Sap. 16. Der
edelste Phönix, so da seine, durch die alte
Schlan-

(Randnote: Matth. 20)

Schlange, den Teufel, verwundte und getödte
Jungen wiederum durch sein Blut erquicket
und lebendig macht, ja der allerhöchste Schatz,
oder höchste Gut im Himmel und auf Erden,
Psal. 83. Sap. 7. Das Dreyeinige Universal-
Wesen, Jehova genannt, Deut. 6. so da, auch
aus zweyen, als GOTT und Menschen,
dreyen, nemlich Personen; aus vieren, als
drey Personen und einem göttlichen Wesen,
wie auch aus fünfen, als dreyen Personen
und zweyen Wesen, göttlich und menschlich, Joh. 1.
erzeuget ist worden.   Wie demnach auch
GOtt die rechte Magnesia Catholica, oder
Sperma Mundi Catholicum, das ist, der Uni-
versal-Saamen der gantzen Welt, von dem,
durch den, und in dem, alle himmlische und irrdische Creaturen ihr Wesen, Bewegung und
Ursprung haben, Gen. 1. Joh. 1. Actor. 17.
Rom. 11. Hebr. 1.   In Summa, das A
und Ω, der Anfang und das Ende, spricht
der HErr, der da ist, der da war, und der da
kommt, der Allmächtige, Apoc 1.

Weiter, wie es nun in dem obberührten
philosophischen Werck noch nicht genug ist, die
Erkenntniß der Materien allein haben, und für
ein Dreyeiniges Wesen dieselbe erkennen, auch
ihre Qualität und Eigenschaften erlernet haben;
sondern auch nothwendig zu wissen seyn will,
wie man solche zur Hand bringen und ihres
Nutzens fähig werden möge, welches dann
auf keine andere Weise geschiehet, als wann,
wie oben gemeldt worden, solche drey Dinge erstlich solvirt und putreficirt, da ihm dann sein dun-
ckeler

ckeler Schatten und rauhes Wesen, mit dem
es anfänglich obumbrirt, und daher in einer
unfreundlichen Gestalt anzusehen gewesen, dadurch abgezogen und benommen wird. Hernach durch fernere Sublimation sein Hertz und
innerliche Seele, so in ihm verborgen, durch
das Catholische, süsse und feuerleuchtende
Meerwasser aus ihme deducirt und genommen,
auch in ein leiblich Wesen gebracht worden ist,
also und noch vielweniger können wir dieses
Dreyeinige Göttliche Wesen, Jehova genannt,
erkennen, es sey dann, daß zuvor dasselbige
(respectu nostri) auch gleichsam dissolvirt und
purificirt, und ihm die Decke Mosis und zor-
nige Gestalt, die uns alle von Natur hindert
und erschreckt, abgezogen: Auch durch fernere
göttliche Erleuchtung sein Hertz und innerliche
Seele, so in ihm veerborgen, das ist, sein
Sohn, welcher ist Christus, durch Hülfe und
Ephes. 4. Beystand des Heil. Geistes, der da auch als
ein reines Wasser unsere Hertzen reiniget,
Ezech. 36. Esa. 44. ja, als ein göttliches Feuer
erleuchtet, Jer. 23. Matth. 3. und mit süssem
lieblichen Trost erfüllet und erquicket, Joh. 16.
aus ihme gebracht und erlernet, und zu einem
freundlichen Gott sey gemacht worden. Gleichwie aber in dem philosophischen Werck die
Materia, nachdem sie in ihre drey Theile
oder Principia dissolvirt und zerlegt, alsdann
ferner mit ihrem eigenen Saltz wiederum conge-
lirt und in ein einiges Wesen gebracht werden
muß, welches hernach das Saltz der Weisheit genannt wird: Also muß auch GOtt, und
GOt-

GOttes Hertz, das ist, der Sohn dem Vater,
wiederum durch ihr eigen Saltz, so GOtt
auch wesentlich eingepflantzet, vereiniget, und
für einen GOtt erkannt und bekannt, und nicht
für zween oder drey Götter und Wesen gehalten und geglaubt werden. Und wann du also
GOtt durch seinen Sohn erkannt, auch gleichsam zertheilt, aber mit dem Geist der göttlichen Weißheit und Band der Liebe wiederum
zusammengesetzet und vereiniget hast: Siehe, so
ist dir alsdann der unsichtbare und unbekannte
GOtt, Esa. 45. schon sichtbar und erkenntlich,
ja verständlich gemacht, welcher dir auch nicht
mehr, wie zuvor, so zornig und unfreund-
lich, sondern auf das lieblichste und freund-
lichste erscheinet, und sich von dir fühlen, sehen und hören lässet, da doch GOtt zuvor,
ehe Christus, sein Sohn, in uns formiret und
gebildet worden, Gal. 4. uns vielmehr ein er-
schröcklicher GOtt, Deut. 7, 18. ja ein verzeh-
rendes Feuer ist und genennet wird. Gleichwohl aber solche Erkenntniß des Dreyeinigen
göttlichen Wesens dir noch nicht allerdings
genug und selig zu gebrauchen ist, im Fall da
nicht ferner in Erkenntniß desselbigen (sonderlich
seines Hertzens) fortfährest und zunimmst.

Dann gleichwie das obberührte und bisher
zubereitete Subjectum im philosophischen Werck,
ohne fernere Præparation, zu der leiblichen Medicin, dir vielmehr schädlich), als nützlich: Alb. Jeb. 4.
so auch Christus, wann du ihn nicht besser und
völliger erkennest, zu der geistlichen Medicin deiner Seelen dir noch wenig dienstlich, ja viel-
F mehr

mehr zur Verdammniß gereichen würde. Darum du dann, im Fall du anderst seiner, auch
seiner himmlischen Schätze und Güter seiglich
genieffen willst, in seiner persönlichen Erkenntniß ferner fortfahren, und ihn nicht als einen pur-lautern GOtt dir fürzustellen und ein-
zubilden, sondern auf die Erfüllung der Zeit,
so von GOtt darzu bestimmt, Gal. 4. in
welcher er seinen Zusatz bekommen, das ist, zugleich GOtt und Mensch, ja Menschens Sohn
worden ist, gute Achtung geben und haben
must.

Dann, gleichwie in dem philosophischen
Werck abermals ist vermeldet worden, daß der
primæ Materiæ, wann sie anders zu ihrem Effect gebracht, und zu einer Tinctur, die andern schlechten Metalle zu perficiren, gemacht
soll werden, ein ander metallisch Corpus, so da
von GOtt vor allen andern Metallen zum
höchsten gewürdiget, und der ersten bemeldten
Materiæ am nähesten verwandt, auch am annehmlichsten ist, ferner muß beygesetzt. mit ihr
vereiniget und zu einem Leib gemacht werden:
Also auch hie in dem theologischen Werck der
göttlichen Natur des Sohnes GOttes (haben
wir anders derselben wollen genieffen und theilhaftig werden wollen, ein anders, gleichsam
metallisch und irrdisch Corpus, das ist, Fleisch
und Blut, die Menschheit, oder die menschliche Natur, so auch der höchsten gewürdigten
Creatur, unter allen Geschöpfen GOttes auf
Erden, und der göttlichen, am nähesten und
annehmlichsten, auch über das zu ihrem Bild
erschaf-

erschaffen ist, hat beygefüget, mit ihr vereiniget, und also beyde auch zu einem unauflöß=lichen Corpus gemacht und vereiniget werden müssen.

Gleichwie hierneben aber in dem fürgebildeten philosophischen Werck sonderlich auch notirt und zu mercken ist eingeführt worden, daß nemlich diß gemeine Gold=Corpus zu solchem Werck nicht füglich), sondern wegen seiner Unvollkommenheit und mancherley Mängel (so es an und in ihm hat) sehr untüchtig und gleichsam todt zu achten sey; und demnach ein pur=lauteres (so da ohne alle Unreinigkeit und Mängel, und mit einigem Betrug niemals gefälschet, auch an seinem innerlichen Schwefel und Kräften noch ungeschwächt ist) zu handen gebracht werden muß: Also auch vielweniger hie dem göttlichen Wesen des Sohnes GOttes keine allgemeine menschliche Natur, als die da in Sünden empfangen, mit der Erb=Sünde durchgangen, und noch täglich mit würcklichen Sünden und unnatürlichen Schwachheiten (wie sonsten alle Menschen auf Erden insgemein sind) verunreiniget und verfälscht gewesen wäre, hat beygefügt und einverleibt müssen werden, oder ihr anzunehmen gebühren wollen, sondern eine pur=lauter sünd=lose und vollkommene Menschheit.

Darum dann dieser himmlische und ewige Grund= und Eckstein, Christus JEsus, im maßen der philosophische auch also beschrieben worden, seinen beyden Naturen nach, auch einer sehr hoch wunder=und sonderbaren Ge=

Dann so der irrdische Adam vor dem Fall, der doch nur ein Ge=schöpf und Creatur, ohn alle Sünd, so heilig und ein voll=kommener Mensch: wie vielmehr der himm=lische Adam, welcher der einge=bohrne Sohn GOttes an sich hat haben müssen.

§ 2   burt

burt und Herkommens, darzu einer unergründ-
lichen und unerforschlichen Natur und Eigenschaften ist und bleibet. Sintemal er ja seiner
Gottheit nach, von Ewigkeit her, als dem allein göttlichen Wesen seines himmlischen und
ewigen Vaters, wahrer GOtt, ja GOttes
Sohn, dessen Ausgang (wie die Schrift davon sagt) von Anfang und von Ewigkeit her
gewesen ist: Aber seiner Menschheit nach,
in Erfüllung der Zeit, ohn alle sündliche Mängel und Gebrechen, Esa. 53. Joh. 8. nach
der Schrift, ein rechter vollkommener Mensch,
mit Leib und Seele, Matth. 26. ist gebohren
worden, daß er nunmehro ein unzertrennliches,
persönliches und GOtt-Menschlichen Wesens,
das ist, beydes, wahrer GOtt u. wahrer Mensch,
in einer einigen und in alle Ewigkeit unauflößlichen Person ist, und als ein Allmächtiger
GOtt dafür erkannt, auch geehret soll und
werden muß.

Allhier wäre zu wünschen, daß dem grösten
Haufen der vermeynten Gelehrten die Augen
recht eröfnet, und ihnen ihre finstere aufgesteck-
te Brillen, oder sophistische Larven, (so ihnen
fürgehängt) abgethan, und doch einmal sehend
gemacht werden möchten; insonderheit alle
Aristotelische und in göttlichen Wercken blind-
süchtige Sophisten, bey denen so mancherley
Disputationes heutiges Tages noch in göttlichen
Sachen unchristlich getrieben, und des vielfältigen Distinguirens, Dividirens und Per-
miscirens kein Ende nicht ist, noch seyn will,

von

von dem in Heil. Schrift wohlverfaßten hoch-
würdigen Articul de unione naturarum & com-
municatione idiomatum in Chrifto, wann fie 1. Tim. 1.
GOtt und feinem Wort fonften je keinen Glauben geben wolten, fo könnten und möchten fie es
aus des oftgedachten Chymifchen Wercks (wie
oben vermeldt) gefchehener Conjunction und
Vereinigung der zweyer Waffer-Mercurien
und Solis-Wefen erlernen, und ihn gleichfam mit Fingern greifen; aber ihre hohe Schul-
Kunft der heydnifchen Philofophiæ, und in heiliger Schrift oder Chriftlicher Theologia un-
gegründete, ja nichtsgültige Fundamenta und
Præcepta Ariftotelica de Subftantia & Acciden-
tibus, und andere, laffen fie zu folchem nicht gelangen, und betrachten darzu nicht, daß der
alte Tertullianus nicht vergeblich gefchrieben:
Philofophos Patriarchas effe Hæreticorum, das
ift: daß die natürliche Weifen, oder heydnifche
Meifter, Ertz-Väter feyn aller Ketzerey: Aber
hievon weitläuftiger zu handeln, will mir nicht
gebühren.

Ueber das noch weiter, gleichwie in dem phi-
lofophifchen Werck das gemeldte Compofitum,
nachdem die zweyerley Wefen conjungirt, und
ferner in das Feuer gerichtet werden und einge-
fetzet, dardurch erfaulet, zerftöret, zermalmet
und wohl gekocht werden muß, in welcher Erfaulung und Kochung dann, mittler Zeit (bis
es plusquamperfectum wird) fich mancherley
Actus mit ihme verlaufen, und wie in Be-
fchreibung des irrdifchen Wercks nach Länge
G 3   dafelbft

daselbst zu finden, sich vielerley Farben erzeigen
und sehen lassen: Also ist diese GOtt-Mensch-
liche und Mensch-Göttliche Person, Christus
JEsus, in dieser Welt von GOtt seinem himmlischen Vater also darzu verordnet, in den
Feuer-Ofen der Trübsal auch versetzt und wohl
darinnen gekocht, das ist, in allerley Müh-
seligkeit, Schmach, Creutz und Trübsal um-
getrieben, auch in mancherley Gestalt verändert
worden, als er hat Hunger gelitten, Matth. 4.
indem er alsbald nach seiner empfangenen Taufe, da er in sein Predigt-Amt ist getreten, aus
Antrieb des Heiligen Geistes in die Wüsten
kommen, und deswegen von dem leidigen Teufel versucht und angefochten worden, auch allda einen dreyfachen starcken Ritter-Kampf mit
ihm hat halten müssen, zum Zeugniß allen ge-
tauften Christen, daß, wann sie in ihr Chri-
stenthum getreten, und Glaubens-Bekenntniß
von Christo thun, und schalten würden lassn,
sie auch alsbald vom Teufel müssen versuchet
werden, und durch mancherley Anfechtung zum
Abfall wiederum getrieben würden. Item, daß
er auch müd ist worden, Joh. 4. daß er bit-
terlich geweinet, Luc. 19. gezittert und gejaget,
Marc. 14. mit dem Tode gerungen, blutigen
Schweiß geschwitzet, auch gefangen und gebunden, Matth. 26. von des Hohenpriesters Knecht
ins Angesicht geschlagen, verspottet und ver-
speyet, gegeisselt und gekrönet, ja zum Tod
verurtheilet, und an das Creutz, so er selber
getragen, Joh. 19. zwischen zwey Mördern ge-
nagelt worden, daß er mit Gall und Essig ge-
tränckt,

tråckt, Pſal. 69. mit lauter Stimm geſchrien
ſeinen Geiſt aufgegeben, und am Creutz ver-
ſchieden iſt, und was dergleichen Angſt und
Trübſal er in ſeinem Leben und Sterben, darvon bey dem Evangeliſten weiter und nach der
Länge zu leſen, mehr erlitten und ausgeſtan-
den hat. Und gleichwie die Philoſophi melden, daß ſolche Kochung und Erfaulung in
obgedachtem irrdiſchem Werck gemeiniglich
innerhalb 40. Tagen geſchehe und verrichtet
werde: Alſo und gleicher Geſtalt ſeynd auch
durch ſolche Zahl in heiliger Schrifft viel und
mancherley Wunder und Thaten uns von
GOtt beſchrieben und aufgezeichnet worden,
als da fürnehmlich und ſonderlich ſeynd: daß
die Kinder Iſrael in der Wüſten Pſal. 59.
(40. Jahr) geblieben, und das Elend haben
bauen müſſen, Deut. 8. Item, daß Moſes
auf dem Berg Sinai, Exod 34. Elias in der
Flucht vor Achab, 1. Reg 19. Chriſtus in der
Wüſten 40. Tage und Nächte gefaſtet hat,
wie auch 40. Monat auf Erden geprediget,
und Wunder gethan, 40. Stunden im Grab
gelegen: auch 40. Tage zwiſchen ſeiner Auferſtehung und Himmelfahrt bey ſeinen Jüngern
und Apoſteln umgewandelt, und ſich von ihnen hat ſehen laſſen, Act. 1. Die Stadt Je-
ruſalem im 40. Jahr, nach des HErrn Himmelfahrt, von den Römern iſt zerſchleifft und
zerſtöret worden. Und iſt auch ſonderlich zu
mercken, daß die Philoſophi ſolche Putrefaction,
oder Erfaulung, wegen ſeiner ſchwartzen Farbe, das Caput Corvi genennet haben. Dann,

Cant. 1.
Ich bin
ſchwartz.

alſo

Esa. 53. alſo iſt auch Chriſtus einer gantzen heßlichen
Er hatte Geſtalt geweſen, und der Allerungeachteſte
keine Ge-
ſtalt noch und Unwertheſte, voller Schmertzen und
ꝛc. Kranckheiten, und zwar ſo veracht, daß man
das Angeſicht vor Ihm verborgen, und ſeiner
nichts geachtet hat. Ja, wie er ſelbſt, im 22.
Pſalm, drüber klagt, ſo iſt er ein Wurm und
kein Menſch, ein Spott der Leute, und Ver-
achtung des Volcks geweſen. Wie dann das
auf Chriſtum den HErren ſich nicht unfüglich
vergleichet, daß ſolch erfault Solis Corpus eine
Zeitlang gleich einer Aſchen am Boden des
Glaſes, ohne alle Krafft erſtorben, bis ſich
nach Stärckung des Feuers ſeine Anima
tröpflicht allgemach wiederum thut herunter
laſſen, und das verſchmachte und gleichſam
verſtorbene Corpus wiederum imbibirt, befeucht, träncket, und vor der gäntzlichen Zer-
ſtörung alſo erhält, liegen thut bleiben; Sintemahl auch ſolches Chriſto wiederfahren, indem er am Oelberg und Creutz, durch das
Feuer göttliches Zorns, gebraten, Matth. 26.
27. Sich gantz und gar von ſeinem himmliſchen Vater verlaſſen beklagt hat, und doch
gleichwohl auch immer (wie dem irrdiſchen
Cörper durch ſtetige Labſal und Erquickung
auch geſchicht) wieder gelabet und geſtärcket,
Matth. 4. Luc. 22. Joh. 12. und mit dem
göttlichen Nectare gleichſam imbuirt, befeucht
und geträncket iſt worden: Ja, da ihm auch
endlich in ſeinem heiligſten Leyden und Sterben, mitten im Tod, ſeine Krafft und Geiſt
gantz ausgezogen und entnommen, auch gar
in

in die unterſten und tieffeſten Oerter der Erden kommen iſt, Act. 1. Epheſ. 4. 1. Petr. 3.
iſt doch gleichfalls erhalten und erquickt, und
durch Krafft und Macht der ewigen Gottheit
wiederum aufgerichtet, lebendig und herrlich
gemacht, Röm. 14. da alsdann Seel und
Geiſt mit ſeinem im Grab verſtorbenen Leibe
erſt recht in vollkömmliche und unauflößliche Firigkeit oder Union gebracht, auch durch die
fröhliche Auferſtehung und Siegreiche Himmelfahrt zu einem HErrn und Chriſt, Matth.
28 und zur Rechten ſeines Vaters, Marc.
16. erhaben worden, mit dem er nunmehr
durch Krafft des Heiligen Geiſtes als wahrer
GOtt und Menſch, in gleicher Macht und
Glorg, über alles regieret und herrſchet, Pſal.
8. mit ſeinem kräfftigen Wort, alles erhält
und trägt, Hebr. 1. Ja alle Dinge lebendig
machet, Act. 17. welche wunderbarliche Vereinigung dann, wie auch göttliche Erhöhung,
von Engeln und Menſchen im Himmel und
auf Erden, und unter der Erden, Phil. 2. 1.
Petr. 1. ohne Beſtürtzung, Furcht und Schrecken, gleichfalls nicht wohl kan geſehen, vielweniger betrachtet werden, deſſen Krafft,
Macht und Roſinfarbe Tinctur, uns unvollkommene und ſündhaffte Menſchen, nunmehr
auch an Leib und Seel immutiren, tingiren,
und plusquamperfecte curiren und heilen kan,
wie davon bald hernach weiter ſoll vermeldet
werden.

Nachdem wir nun kürtzlich in Einfalt betrachtet haben den einigen himmliſchen Grund

und Eckstein, Christum JEsum, wie derselbige mit dem irrdischen philosophischen Stein der Weisen'verglichen, und sich vereinigen thut, dessen Materia und Præparation, wie gehöret, ein schöner Typus und lebendige Contrafactur der göttlichen Menschwerdung ist in Christo: So will demnach auch ferner vonnöthen seyn, dessen Krafft, Tugend und Tinctur, wie auch Fermentation und Multiplication in uns armen Krafft- und Tugendlosen Menschen, als unvollkommenen Metallen, zu besehen und zu lernen.

Dann, obwohl GOtt dem Menschen, im Anfang, vor allen andern seinen Geschöpffen, zu der hoch-edelsten und vollkommensten Creatur, ja zu seinem Ebenbild geschaffen, und ihm einen lebendigen Athem, auch unsterbliche Seele eingeblasen, solche aber in ein ungestaltes widerwärtiges und schadhafftes Effigiem verkehrt und verwandelt worden:

Damit aber solch edles Geschöpff wiederum zu recht gebracht, und ihm zu seiner vorigen Gestalt und Vollkommenheit verholffen würde, hat GOtt der Allmächtige aus lauter Barmhertzigkeit ein solches Mittel verordnet, durch welches nun folgender Gestalt also geschehen muß: Nemlich, daß wie im philosophischen Werck vermeldt ist worden, der plusquamperfecte gemachte Stein oder Tinctur, nach solcher seiner Perfection, allererst soll und muß noch weiter fermentirt, augmentirt, oder multiplicirt werden, soll er anders einen vielfältigen Nutzen bekommen, und seine Krafft und Würckung

ckung ersprießlich seyn: Also muß Christus,
der himmlische und gebenedeyete Stein, nach
seiner GOtt-Menschlichen Perfection und
Vollkommenheit, mit uns, seinen Gliedmassen, als noch unvollkommenen Metallen, auch
noch weiter fermentirt und multiplicirt, das
ist, wir mit ihme durch seine Rosinfarbe und
seligmachende Tinctur gereiniget und vereiniget, und zu einem reinen ungesäuerten geistlichen Leib gemacht und verfertiget werden;
Sintemahl er, wie Sanct Paulus spricht,
Röm. 8. Der Erstgebohrne unter vielen Brü-
dern, ja der Erstgebohrne vor allen Creaturen, Coloss. 1. durch den alle Dinge, im Himmel und auf Erden, geschaffen und mit GOtt
versöhnet seynd. Dann sollen wir, die wir
von Natur unrein, sterblich und unvollkommen seynd, wieder rein, neugebohren, unsterb-
lich und vollkommen werden, so muß solches
durch kein ander Mittel dann einig und allein
geschehen durch diesen einigen himmlischen
Grund- und Eckstein, Christum JEsum, als H. ju.
den allein Heiligen, ja Allerheiligsten, Dan. 9.
neugebohrnen, auferstandenen und verklärten
himmlischen König, so GOtt und Mensch in
einer Person ist, und bleibt in Ewigkeit. Dann
gleichwie der Philosophen Stein und Chymische König mit seiner Tinctur den Nutzen
gibt, auch diese Krafft und Tugend, durch seinen vollkommenen Process, an und in sich hat,
daß er andere unvollkommene und schlechte,
ja ungeachte Metallen tingiren, und zu einem
dichten Gold machen und immutiren kan:
Also

Also auch und noch vielmehr thut dieser himmlische König, ja Grund-und Eckstein, JEsus
Christus, mit seiner gebenedeyten Tinctur, das
ist, mit seinem Rosinfarben Blut, uns sünd-
haffte gebrechliche unvollkommene Menschen
von unsern angebohrnen Adamischen Sordi-
bus und Fæcibus einig und allein purificiren,
perficiren, ja plusquam perfect heilen und curiren, 1. Joh. 1. Sintemahl auch, wie die
Schrifft davon redet, sonsten kein ander Heil
noch Mittel ist, im Himmel und auf Erden,
dardurch wir könten selig, fix und perfect werden, dann allein in dem Nahmen JEsu,
Act. 4.

Dann ob gleich die tolle und blinde Welt,
durch Betrug und Blendung des Alchymisten
und bösen Feindes, viel und mancherley Mittel, Weg und Weise, die Seeligkeit und Perfection zu erlangen gesucht, und sich hefftig
darinnen bemühet hat, und noch bemühen thut,
so ist und bleibt doch nur ein einiger Heyland und
Mittler, JEsus Christus, in und durch welchen wir allein für GOtt gerecht und selig
seyn, und von unserm geistlichen Außsatz der
Sünden gereiniget werden: Gleichwie da
auch nur ein einiger irrdischer Heyland und
Chymischer König, durch den alle imperfecta
Metalla ihre Perfection und Vollkommenheit
erlangen und bekommen, auch alle Kranckheit, insonders der unheilsame leibliche Außsatz,
geheilet werden, gefunden wird. Und seynd
alle andere Mittel und selbsterwählte Men-
schensündlein, so da von Türcken, Juden,
Heyden

Heyden und andern Ketzern auf die Bahn
gebracht, und für nothwendige Mittel darzu
defendirt werden, vielmehr und eigentlich dar,
von zu reden, eine rechte geiſtloſe, falſche und
ſophiſtiſche Alchymiſteren, durch welche wir
Menſchen nicht purificirt, ſondern impedirt,
nicht vivificirt, ſondern debilitirt, ja endlich
gantz und gar mortificirt und getödtet werden.
Immaſſen dann die falſchgenandte Alchymi-
ſterey, ſo vielmehr Argchymia zu nennen iſt,
viel und mancherley Tincturen und Farben
erfunden, und die Leute dadurch belogen und
betrogen, ja um Haus und Gut, auch Leib
und Leben, wie ſolches die tägliche Erfahrung,
leyder! mehr als zu viel bezeugt, und ausweiſ,
ſet, offtermahls gebracht werden. Sollen
wir Menſchen aber von unſern unreinen Sor-
dibus und Fæcibus, als Adamiſcher Erbſünde,
durch welche im Anfang die gantze menſchliche
Natur, als durch ein ſchädliches Gifft, (unſern
erſten Eltern vom Böſen eingeblaſen) vergiff,
tet und verderbet, und wir alle darinn empfan,
gen und gebohren, Pſalm 51. Job. 15. gerei,
niget und gewaſchen, auch wieder perfect und
ſelig werden, ſo muß ſolches durch eine neue
und Wiedergeburt des Heiligen Geiſtes, ja
durch Waſſer und Geiſt, (immaſſen der Chy,
miſche König auch durch Waſſer und Geiſt
neugebohren, herrlich und perfect wird) ge,
ſchehen, empfangen und verrichtet werden, in
welcher neuen und geiſtlichen Wiedergeburt,
ſo da von oben herab in der heiligen Tauffe
durch Waſſer und Geiſt geſchehen muß, wie

geſagt,

Col. 2.
Gebet in
des euch
niemand
rc.

Job. 3.

1. Petr. 3.

gesagt, mit Christi Blut gewaschen und gereiniget, und also zu einem Leib mit ihm werden, ja ihn als ein Kleid, wie Sanct Paul,
Ephes. 1. zum Coloss. am 3. spricht, anziehen. Dann
gleichwie der philosophische Stein sich durch
seine Tinctur, hernacher mit den unvollkommenen Metallen, vereiniget, und mit ihnen zu
einem vollkommenen und unauflößlichen Cor-
pore gemacht wird, also wird Christus, als
unser Haupt, 1. Corinth. 4. mit uns, seinen
Gliedmassen, durch seine Rosinfarbe Tinctur,
auch vereiniget, und zu einem vollkommenen
Leib und Gebäu, Röm. 12. 1. Cor. 12. Ephes.
5. so nach GOtt geschaffen in recht geschaffe-
ner Gerechtigkeit und Heiligkeit, Ephes. 4. erbauet und verfertiget. Sintemahl solche neue
Joh. 3. Wiedergeburt des Menschen, so in der heiligen Tauffe durch den Heiligen Geist verrichtet wird, eigentlich nichts anders ist, als eine
1. Cor. 12. innerliche geistliche Verneuerung des abgefal-
lenen Menschen, mit GOtt und Christo, al-
so zwar, daß wir, da wir zuvor der fleischlichen
Geburt nach, von Vater und Mutter gesche-
Rom. 2. hen, Feinde GOttes, ja Kinder des Zorns
von Natur, Ephes. 2. seyn und heissen: Nunmehr, der andern geistlichen Geburt nach, in
der heiligen Tauffe zu Freunden und Kindern,
Gal. 3. ja Erben GOttes, und Miterben Christi, gemacht werden. Dann, von deßwegen ist
Christus gestorben, auch auferstanden und wieder lebendig worden, Rom. 14. auf daß er
durch solchen seinen Proceß, das ist, durch
sein Leiden und Sterben, auch Auferstehen
und

und Himmelfahrt, in das Heilige, so nicht mit Händen gemacht, eingehen, und uns den Weg zum ewigen Vaterland machte. Dem Ebr. 5. nach wir auch, als seine Brüder und Schwestern, Matth. 12. und Pfalm. 21. Ihme im Luc. 12. Leiden nachfolgen, Matth. 8. in der lieben Demuth und allen Christlichen Tugenden, wachsen und zunehmen, ja seinem Leib ähnlich und gleichförmig gemacht sollen und müssen werden: Damit wir also auch, die wir ihme allhie nachgefolget seyn in der Wiedergeburt, ja die wir in Ihme gestorben, mit Ihme auch leben, und also zu seiner Herrlichkeit eingehen mögen, welche geistliche Erinnerung und Christliche Nachfolgung im Leben und Wandel, unsers himmlischen Königs, gleichwohl gar nicht aus unserer Würdigkeit, Verdienst oder eigen Willen, (sintemahl der natürliche Mensch mit allen seinen Kräfften in geistlichen Sachen blind, taub, todt und erstorben ist) sondern einig und allein aus Krafft und Würckung des Heiligen Geistes, so in uns, durch das seelige Bad der Wiedergeburt und Joh. 5. Tauffe, kräfftig und thätig. Immassen dann Hebr. 10. die Mineræ und Metallen, so in sich selbst gleichsam erstorben und Rostfreßig seynd, und sich selbsten reinigen noch verbessern können, auch durch Krafft und Hülffe des spagirischen Geistes gereiniget und verneuert, solvirt und perficirt werden. Wann wir nun also, wie gehöret, durch Wasser und Geist wieder neu 2. Cor. 5. gebohren, das ist, durch die seelige Tauffe und rothe Fluth von Christi Blut gefärbet,

Christo

Christo dem HErrn, unserm himmlischen König, einverleibet, mit seinem Blut von unsern
erblichen Sünden darinnen gewaschen und gereiniget, und der Erstlingen des Heiligen Geistes also fähig und theilhafftig worden seynd:
So müssen wir alsdann anfänglich allgemach
und fein sittsam, nach dem Spruch Petri,
mit vernünfftiger lauterer Milch, als die jetzt-
gebohrne Kindlein, ja als junge Kinder in
Christo, gespeiset und geträncket werden, bis
wir endlich, als die erwachsene und lebendige
Steine, zum geistlichen Hause und zum hohen
Priesterthum erbauet und tüchtig gemacht werden, zu opffern geistliche Opffer, die GOtt
angenehm seynd, durch JEsum Christum;
Sintemahl ein Christ, durch Wasser und Geist
neugebohrner Mensch, nicht alles auf einmahl
fassen oder ergreiffen kan, sondern allgemach,
von Tag zu Tag, in Erkenntniß GOttes und
Christi des HErrn wachsen und zunehmen
muß.

Dann, gleichwie abermahl im philosophischen Werck, so bald die Conjunction der
zweyer Wesen, nemlich des irrdischen Golds,
und gleichsam himmlisch präparirten Wasser-
Materien, nachdem sie anfänglich in einer
Solvir-Schaalen zu einem gleichsam trockenen Liquore, oder Amalgama, wie daselbsten
zu lesen, gemacht seyn worden, geschehen, dem
Composito nicht alles, und auf einmahl zugleich, sondern ein Theil nach dem andern,
und zwar allgemach, und zu gewissen und unterschiedlichen Zeiten, zugethan und beygesetzt
wird:

wird: Also auch und noch vielmehr soll und
muß solches geschehen im Theologischen Werck.
Dann, so bald die Conjunction und geistliche
Vereinigung des Menschen mit Christo in
der heiligen Tauffe geschehen, und wir mit ihm
also, wie auch vorgemeldet, ein Leib und Ku-
chen gemacht werden, so bald muß auch ein
solcher Mensch gemachsam den Christlichen
Glauben zu lernen, und einen Articul nach
dem andern zu fassen anfahen, biß er endlich
gar erstärcket, und zu einem völligen Erkenntniß gelanget.

Demnach dann auch der Christliche Glaube, gleich der præparirten irrdischen Wasser-
Materien, (wie daselbst unterschiedlich vermeldet worden) in 12. Theile oder kleine Articul,
nach der Zahl der 12. Aposteln, hernacher
aber wiederum in drey unterschiedliche Haupt-
Articul, als in dem von unserer Erschaffung,
Erlösung und Heiligung, unterschieden und abgetheilt wird, aus welchem, wie gesagt, der
Mensch einen nach dem andern zu lernen vor
sich muß nehmen, und ihm gleichsam beyse-
tzen, doch allgemach und zu unterschiedlichen
Zeiten, damit er nicht zu sehr überladen, und
mit Lernen gleichsam überschwemmet werde,
daraus ihm leichtlich ein Uberdruß entstehen
und vom Glauben abwendig gemacht könnte
werden. Deßwegen dann auch der 3. Haupt-
Articul, von der Heiligung, in 7. unterschiedliche Membra oder Stücklein (in Mitreichung
des unfehlbahren Amentlichen Beschlusses)
zerlegt und zertheilet, und den Menschen zu

G   unter-

unterschiedlichen 7. mahlen (nach gethanem
Bericht im irrdischen Werck) beygefügt werden kan, welches so es geschehen, und der
Mensch also den Glauben von Stück zu
2.Tim. 5. Stück völlig gefasset, ihm dann ferner hoch-
vonnöthen seyn will, solche einmal durch
GOttes Gnade gefaste Glaubens.Erkenntniß
bey sich fleißig zu verwahren, und für Fäl-
schung oder endlichen Verliehrung derselben
sich wohl fürzusehen hat. Und gleich wie im
offterwehnten philosophischen Werck hierzuvor
auch ist vermeldt worden, daß nemlich zu solcher Fermentation und Multiplication des einigen irrdischen Königs, oder der pur lauteren
Tinctur, 3. einbahre Theile oder Stück des
besten, feinsten, durchläutersten Golds, so
durch den Antimonium getrieben, nicht zwar
aus einigem Mangel des Steins, oder Unvollkommenheit seiner Tinctur, sondern aus
Unvermögen und Blödigkeit der Metallen
selbsten erfordert, dieselben genommen und damit projicirt muß werden. Und damit ichs
klärlicher sage, obwohl die Tinctur oder
Stein an ihm selbsten vollkömmlichen zubereitet, aufs höchste gebracht, und also plusquamperfect ist gemacht worden, so können doch
die groben und unvollkommene Metallen, wegen ihrer natürlichen Schwachheit und Unvermögen, solche des Steins oder der Tinctur
(also zu reden) engelische Perfection und Sub-
tiligkeit zu sich nicht ziehen oder ergreiffen, es
sey dann, daß obgemeldte fügliche Erforde-
rung

rung auch an die Hand genommen, damit sie
desto fähiger darzu gemacht werden.

Wie nun dieses im Chymischen Werck, sage ich, geschieht, und geschehen muß: Also auch
allhie in unserm Theologischen Werck der geistlichen Erneurung und himmlischen Wiederge- *Phil. 2.*
burt des Menschen wohl in acht muß genommen werden. Dann obwohl schon auch unser
himmlischer König, JEsus Christus, uns durch
seinen völligen Gehorsam, den er seinem himmlischen Vater an statt unser geleistet, von aller
Unreinigkeit vollkömmlich erlöset, und zu Kindern und Erben GOttes gemacht hat: So
können wir doch solche seine seeligmachende
und gantz göttliche Tinctur, (wie auch andere
seine himmlische Schätze und Güter) wegen *2. Cor. 4.*
unserer angebohrnen Schwachheit und Blödigkeit, nicht allerdings ergreiffen und annehmen, oder uns diese recht steif und fest applici-
ren und zueignen, sondern müssen auch gleichfalls (sollen wir anders derselben fähig und
theilhafftig werden) durch folgende benannte,
von GOtt selbsten darzu erforderte heilsame
dreyeinbahre Theile oder Stück darzu kom-
men und gelangen: Als da seynd und heissen *Ephes. 2.*
fürnehmlich sein heilig Wort, so da rein und
durchläutert ist, als Gold und Silber, im irrdischen Tiegel bewähret siebenmahl, Psalm 12.
18. ja über viel tausend Stück Golds zu lieben ist, Psalm 119. Zum andern, der seeligmachende Glaube, so da eine sonderliche Gabe GOttes ist, Joh. 6. 2. Thessal. 3. und durch
das Wort GOttes herkommt, Röm. 10. auch

die Hertzen der Menschen vereiniget, Actor. 5.
und im Feuer der Trübsalen bewähret wird.

Gal. 3. Und dann auch vors dritte, die ungefärbte
Liebe gegen GOtt und den Nechsten, so da
auch eine Gabe GOttes, und eine Erfüllung
des Gesetzes ist, Röm. 13. ju GOtt selbst ist
und genennet wird, 1. Joh. 4. durch welche
dreyeinbahre Theile, als da seyn das Wort,

Ephes. 5. der Glaube und die Liebe, wann sie recht or=
dentlicher Weise geübt und gebrauchet werden,
Christus der HErr alsdann mit seiner göttli=
chen Tinctur und himmlischer Salbung erst
recht kräfftig würcken, und seine, in uns
schlechte und unvollkommene Metallen oder
Menschen, Projection und seeligmachenden
Eingang verrichten kan,- ohne welchen wir ihn
sonst schwerlich ergreiffen, oder seiner Tinctur
recht theilhafftig werden können. Dann da
findet sich alsbald der leidige Satan und lü=
genhaffte Alchymist, der da den neuen und wie=
dergebohrnen Menschen, und Kindern GOt=
tes, sonderlich wann sie sich ihrem Bund nach,
in der Tauffe mit Christo geschehen, gemäß

1.Petr. 5. verhalten, und wie St. Paulus ihnen gebeut,
eine gute Ritterschafft üben, den Glauben und
ein gut Gewissen behalten, täglich nachschleicht,

Jacob. 3. und durch seine getreue Mitgehülffen, als da
seyn unser sündlich Fleisch und Blut, und
die gottlose verführische Welt, in seine schäd=
liche Stricke und Garn stets zu stürtzen be=
gehret, auch leider offt und manchmahl, durch
GOttes Verhängniß, (wie dann der Gerechte
auch wohl siebenmahl fället, Proverb. 24.) zu
Fall

Fall bringet. Dann gleich wie er Christo dem
HErrn, als unserm Haupt und Obristen, gethan, und ihn alsbald nach seiner Tauffe, im
Eintritt seines heiligen Predigtamts, hefftig
angefochten und versucht hat: Also und gleicher Gestalt, beweiset er seine alchymische Bu-
benstücklein, List und Räncke noch allezeit,
auch an der Christlichen Kirchen, die wolt er
auch erstlich durch Mangel, Angst und Leiden dahin bewegen und treiben, daß sie an
GOttes Wort und gnädigen Zusagung zwei-
feln solte, immassen er es dem HErrn Christo
dahin will deuten, GOtt sey nicht sein Freund,
weil Er ihn so lang in der Wüsten lässet Hunger und Kummer leiden. Wann nun solche
Anfechtung nicht will bey den Christen helffen,
so kommt er alsdann auf der andern Seiten
gerollet, und wolte gern, daß die Leute GOtt *Deut. 10.*
mehr, als er ihnen in seinem Wort verheissen,
vertrauen, wie er dann solches Christo auch
anmuthet, er solle vom Tempel hinab fallen,
GOtt werde ihn dannoch wohl erhalten können. Da ihm aber auch solches nicht ange- *Matth. 4.*
hen will, versucht ers wohl auch zum dritten-
mahl, mit Reichthum, daß man, nemlich
um Gelds und Gutes willen, von GOtt und
seinem Wort abtretten, und Abgöttisch werden, ihn anbeten, und als einen GOtt ver-
ehren solle, welcher Gestalt er dann Christo
solches frey anzumuthen sich auch nicht ge-
scheuet, und ihn also zu einem Abfall hat bringen wollen, welches gleichwohl der getreue
GOtt und Vatter im Himmel, aus sonder- *Job. 2.*

G 3   lichem

lichem gnädigen Rath und Ursachen, über die
Seinigen verhängt, damit sie also im Glauben, in der Hoffnung, Gedult und rechtschaf-
fener Anruffung GOttes, aufwachsen und zunehmen, und durch solche Tyrocinia, oder
Creutz-Ubung, zu dem letzten Todes-Kampf,
so dem alten Menschen zu erleiden fürstehet,
ihnen den Weg bereiten, den ewigen Sieg
wider ihn zu erhalten, wann sie alle seine
Griffe erlernet, und zuvor, wie demselbigen
durch GOttes Gnade zu begegnen sey, wohl
verrichten. Dann, weil wir nicht mit Fleisch
und Blut, sondern, wie Sanct Paulus spricht,
mit Fürsten und Gewaltigen, nehmlich mit
den Herren dieser Welt, die in der Finsterniß
dieser Welt herrschen, mit den bösen Geistern
unter dem Himmel, zu streiten und zu kämpf-
fen haben, so vermögen wir ihnen und ihren
geistlichen Anfechtungen, aus eigenen Kräfften nicht Widerstand zu thun; Sondern, da
müssen, wir dem Exempel unsers Vorfechters
JEsu Christi nach, zu geistlichen Wehren und
Waffen greiffen, und solche unsere geistliche
Feinde mit dem Worte GOttes, als mit dem
Schwerdt des Geistes, Ephes. 6. im Glauben
schlagen und überwinden. Da uns dann
vonnöthen seyn will, daß wir uns (dem Befehl nach des Christlichen Rittermanns, des
heiligen Apostels Pauli, zum Ephes. 6.) in des
Heiligen Geistes Rüst-Kammer verfügen, und
alda den Harnisch GOttes ergreiffen und anziehen, also, daß wir um unsere Lenden um-
gegürtet seyn mit Wahrheit, und angezogen
mit

1.Thm.6.

mit dem Krebs der Gerechtigkeit, und an den
Beinen gestiefelt, als fertig zu treiben das
Evangelium des Friedens,und das Schwerdt
des Geistes, welches, wie vorgemeldt, ist das
Wort GOttes; Vor allen Dingen aber, daß
wir ergriffen den Schild des Glaubens, mit
welchem wir auslöschen können alle feurige
Pfeile des Teufels. Dann der Glaube an
JEsum Christum, ist der feste Schild. Durch
welchen der Teuffel kein Loch machen, noch das
Hertz damit verwunden kan.

Weil dann auch die Regierung des Feuers
im philosophischen Werck durchaus fleißig gehalten,und demselben unverdrossen (in Kochung
der Materien) soll und muß abgewartet werden, wie auch daselbsten von dem philosophischen Feuer (mit dem das gantze Werck fürnehmlich verrichtet muß werden) was es eigentlich sey und geheissen werde, als nehmlich ein
essentialisch, übernatürliches, und auch göttliches Feuer, in dem Composito verborgen liege,
deme mit dem irrdischen materialischen Feuer
Hülffe und Anreitzung gethan und gegeben 1.Tim. 2.
werden muß, kurtze Meldung geschehen: Also
ist auch sonderlich das reine göttliche Wort,
oder welches gleich eben so viel, der Geist
GOttes, so da auch einem Feuer, Jerem 23.
vergleichet und genennet wird, in uns Menschen verborgen, als welches uns zwar von
Natur eingepflantzet, durch Verderbung aber
derselben gedämpffet und verdunckelt worden,
dem da gleicherweise durch ein ander äusserli- Psllb. 2.
ches Feuer, das ist, durch stetige Ubung der

Gottseligkeit und Christlichen Tugenden, in
Freud und Leid, wie auch durch fleißige Ubung
und Betrachtung des reinen Wortes GOttes,
soll anders das innerliche uns verliehene Gna-
Eccl. 10. den-Licht und Geist GOttes in uns operiren
und nicht gar verlöschen, muß Hülffe und
Beystand geschehen, und damit unverdrossen
und unablöschlich angereitzet, erweckt und aufgeblasen werden muß. Dann, gleichwie es
auch in irrdischen Sachen zu geschehen pfle-
get, daß, wann ein Werckmann ein Eisen,
so an ihm selbst kalt ist, sehr und oft feilet,
das Eisen, durch den währenden Motum oder
Bewegung, gewaltig erwärmet und erhitzet
wird; Auch ein Licht und brennende Ampel,
Coloss. 3. der man nicht immerdar mit Oel und zugehö-
ger Materie nach und nach hilfft und zuschütet,
endlichen abnimmt und verlöscht: Also auch
ein Mensch in seinem innerlichen Feuer und
Geist, wann er GOttes Wort nicht immerdar und unverdrossen, wie gesagt, übet, und
vor Augen hat, allgemach abnimmt, und letztlich gantz und gar desselbigen beraubet wird.
Darum man dann (wie zum offternmahl
vermeldet, und auch vonnöthen seyn will) GOttes Wort fleißig hören, wohl betrachten, und
sich stetig darinnen üben soll und muß.

Was aber allhie vom Hören desselben vermeldet wird, soll solches auch gleicher Weise,
wie zuvorhin von dem Sehen, das da auch
allein nicht mit dem äusserlichen Viehischen,
sondern mit den innerlichen und gemüthlichen
1. Tim. 1. Ohren geschehen, soll verstanden werden. Ich
rede

rede aber (damit man mich recht verstehe)
von dem rechten und reinen Worte GOttes,
und nicht von menschlichen Glossen, oder der
alten und neuen Schrifft-Gelehrten ihrem
Sauerteig, welchen man jetzt, wie leider zu Röm. 16.
beklagen, dem wahren Wort GOttes für-
zeucht, oder zum wenigsten wie Mäusdreck
unter den Pfeffer mischt, vor die Predigt
göttliches Worts will gehört und gehalten
haben. Nein, solches Geschwätz und Ohren
füllende Reden des Menschen meyne ich nicht,
sondern, wie gesagt, so rede ich von dem wahren durchläuterten Wort GOttes, Psalm 19.
119. das durch den Mund GOttes gehet,
Deut. 8. Matth. 4. und noch durch den Hei- 1. Cor. 1.
ligen Geist geprediget wird, welches nicht nur
ein lediger Hall und blosser Schall, wie
etliche schimpflich davon reden, sondern Geist
und Leben, eine seeligmachende Krafft GOttes ist, Joh. 6. allen denen, die daran glauben, von welchem Hören auch der Königliche
Prophet David redet: Ich will hören, was Psal. 64.
der HErr in mir reden will. Aus welchem
innerlichen und göttlichen Gehör des Worts
GOttes (als aus einer Brunnquelle) gewißlich
dann auch ein rechter lebendiger Glaube. so
durch die Liebe thätig ist, Gal. 5. herkommt
und entspringt. Sintemahl wie Paulus
spricht, zum Rom. 10. So kommt der Glaube
aus dem Gehör, das Gehör aber durch das
Wort GOttes. Ist nun das Wort GOt- 2. Petr. 1.
tes rein u d lauter, so kan auch das Gehör Luc. 11.
rein und lauter seyn, und demnach auch der

G 5 (Glau-

Glaube, der aus solchem Gehör kommt, rein
und unverfälscht, und durch die Liebe thätig
ist, gegen GOtt zwar in demüthigem Gehorsam seines heiligenGebots und Willens; Item,
im beten, loben und dancken: Gegen den
Nächsten aber in wohlthätiger Erzeigung allerley guter Wercken; Also, daß die Liebe nicht
die kleineste, sondern, wie Sanct Paulus
spricht, die gröste Tugend unter allen ist, wie
dann zu solcher Ubung der Liebe uns der HErr
Christus in seiner langen Valet-Predigt seines
Hinganges, Joh. 13. selber auch mit allem
Fleiß ermahnet, und solches auch damahls
ernstlich eingebunden, und gleichsam zu der
Letzte hinterlassen hat, sprechend: Das ist mein
Gebot, daß ihr euch unter einander liebet,
gleichwie ich euch geliebet habe, darbey dann
jederman erkennen wird, daß ihr meine Jünger seyd. Item, 1. Joh. 2. Wer da sagt, er
kenne GOtt, und hält seine Gebote nicht, der
ist ein Lügner, und in solchem ist keine Wahrheit, wer aber sein Wort hält, in solchem ist
warlich die Liebe GOttes vollkommen. Ferner, 1. Joh. 4. GOtt ist die Liebe, und wer
in derselben bleibt, der bleibt in GOtt, und
Col. 1. GOtt in ihm. Aus welchem wir dann sehen,
wie daß die Liebe das rechte Band der Vollkommenheit, dadurch wir GOtt mit Christo
2.Joh. 3. incorporirt und einverleibet werden, also, daß
Er in uns, wir in Jhme, Er in seinem Vater,
und der Vater in Jhme, ist und seyn will,
welches Christus an gemeldtem Orte ferner
bezeugt, da er spricht: Wer mein Gebot hält,
siehe

fiehe der iſts, der mich liebet, und ich werde
ihn lieben, und wir werden zu ihm kommen,
und Wohnung bey ihm machen. Joh. 5.
ſpricht er: So ihr meine Gebote haltet, ſo
bleibt ihr in meiner Liebe; Welche Liebe dann
ſo ferners auf den Nächſten reichet. 1 Joh 4.
wird auch ſchön hiervon geſchrieben: So jemand ſpricht, er liebet GOtt, und haſſet ſeinen Bruder, der iſt ein Lügner.   Dann, wer
ſeinen Bruder nicht liebet, den er ſiehet, wie
kan er GOtt lieben, den er nicht ſiehet. Und
diß Gebot haben wir von Jhme, daß, wer GOtt
liebet, auch ſeinen Bruder liebe.   Was aber
ſolcher Liebe Art und Eigenſchafft iſt, beſchrei-
bet dieſelbige Sanct Paulus 1. Cor. 13. mit
ſolchen Worten: Die Liebe iſt langmüthig und
freundlich, die Liebe eiffert nicht, die Liebe
treibt nicht Muthwillen, ſie blehet ſich nicht
auf, und wird nicht müde Gutes zu thun gegen dem Nächſten.   Daraus dann leichtlich
zu ſehen und abzunehmen iſt, wie daß diß keine rechte Liebe ſeyn könne, ſo durch die Liebe
mit guten Wercken dem Nächſten nicht dienet.   Deſſen ſich doch ihrer viel unter den
Chriſten gleichwohl vergeblich rühmen.   Wie Coloſſ. 3.
dann auch diß hieraus wahr iſt, daß die guten Wercke, ſo GOtt gefallen, nicht vor den
Glauben ſeyn und hergehen, ſondern als eine
Frucht dem Stamm und Baum nachfolgen,
welcher, ſo er gut, auch gute Früchte bringet,
und demnach die Wercke nicht den Glauben,
ſondern der Glaube die Wercke gut und wohl- Jerem. 5.
gefällig machet, daß wir alſo, welches hierinnen

das

das fürnehmste, einig und allein durch den
Glauben gerecht und seelig werden, ꝛc.

Wann sich nun ein neugebohrner Mensch
obgehörter massen also christlich und gottse-
lig in seinem Leben und Wandel erzeigt und
verhält, so kan es nicht ohne Frucht abgehen,
ein solcher Mensch wird, gleich dem Composito im irrdischen Werck, von GOtt, in den
Ofen der Trübsal gesetzet, und mit allerley
Creutz, Leiden und Widerwärtigkeit besetzt,
so lang und viel, bis er dem alten Adam und
Eph. 4. Fleisch abgestorben, und als ein rechter neuer,
der nach GOtt geschaffen ist, in rechtschaffe-
ner Gerechtigkeit und Heiligkeit auferstehet,
wie ad Rom. 6. Wir seynd samt Christo durch
die Tauffe begraben in den Tod   Dann,
gleich wie Christus ist von den Todten aufer-
weckt, durch die Herrlichkeit des Vaters, wir
auch also in einem neuen Leben wan-deln sollen;
welches wann es geschehen, daß nehmlich der
Mensch den Sünden täglich Urlaub gibt,
daß sie nicht mehr über ihn herrschen, so gehet
alsdann bey ihm an die im irrdischen Werck
des zugefügten Golds Corporis Solution, wie
verzeichnet oben, und die Putrefaction, daß
er geistlicher Weise gantz und gar wird aufge-
löset, zermalmet, zerstöret und erfaulet, welche
Auflösung und Erfaulung bey einem eher, als
bey dem andern geschicht, doch in diesem zeit-
1.Pett.4. lichen Leben noch geschehen muß, das ist, ein
solcher Mensch wird in dem Feuer der Trüb-
sal so wohl digerirt, gekocht und mürbe gemacht, daß er an allem seinem Vermögen
und

und Kräfften verzagt, und einig und allein der
Gnaden GOttes und seiner Barmhertzigkeit
sich tröstet, in welchem währenden Feuer⸗oder
Creutz⸗Ofen dann der Mensch (gleich dem irr⸗
dischen Gold⸗Corpori) ein rechtes schwartzes 2. Cor. 4.
Raaben⸗Haupt gewinnet, das ist, heßlich und
übelgestalt, und vor der Welt, Sapient. 5. nur
verachtet und verlachet wird, nicht zwar nur
40. Tag und Nacht, oder Jahr, sondern off⸗ Job. 30.
termahls die Zeit seines Lebens, also, daß er
mehr Leid als Freud, mehr Traurigkeit als
Süßigkeit, in seinem Leben haben und erfah⸗
ren muß: Da ihme dann auch endlich, durch
sein geistliches Absterben, seine Anima gantz
und gar ausgezogen, und in die Höhe gleich⸗
sam geführet wird, das ist, zwar mit seinem
Leib noch auf Erden ist, und wallet mit seinem
Hertzen und Geiste, (der nun nicht mehr der
Welt lebet, sondern GOtt lebt, auch nicht 2. Cor. 4.
an irrdischen, sondern in geistlichen, seine
Freude und Wonne hat) sich sehnet nach dem
ewigen Leben und Vaterland, und seinen
Wandel also anstellet, daß derselbige nicht
irrdisch, sondern, so viel ihm möglich, und in
dieser Zeit geschehen mag, himmlisch sey, und
daß er auch nicht mehr nach dem Fleisch, son⸗
dern nach dem Geist, nicht in unfruchtbahren
Wercken der Finsternis, sondern als am Tag,
in den Wercken des Lichts, so da die Schau
und Probe (alles in GOtt gethan) erleiden
mögen, lebet, welche Scheidung Leibes und
der Seelen des Menschen im geistlichen Ab⸗
sterben, wie gesagt, der Sünden geschicht,
und

und nicht im leiblichen Absterben des sündli-
chen Fleisches, dann gleich wie sich die Solution
oder Auflösung Leibes und der Seelen im
neugebohrnen Menschen verhält, da Leib und
Seele zwar gleichsam von einander geschieden,
im Glas aber gleichwohl nah bey einander
bleiben, die Seele auch den Leib stetigs erquickt, und vor endlicher Zerstörung also er-
1. Cor. 5. hält, bis auf die von GOtt darzu bestimmte
Zeit bey einander noch ungeschieden bleiben,
also daß der verschmachte und gleichsam abge-
2. Petr. 3. storbene Leib und Corpus im Menschen in solcher seiner Creutz-Schulen von der Seelen
auch nicht gantz und gar verlassen, sondern immerdar, wann die Hitze der Trübsal zu groß
seyn will, durch den Geist von oben herab
mit dem himmlischen Thau und göttlichen
Nectare befeuchtet und geträncket, getröstet
und erhalten wird, welch himmlisch Labsal
und Erquickung des abgestorbenen irrdischen
Corporis im Menschen (sintemahl unser zeitlicher Tod, so der Sünden Sold ist, Röm.
6. kein rechter Tod, sondern eine natürliche
Auflösung des Leibes und der Seelen, und
vielmehr ein sanffter Schlaf, ja eine nunmehro unscheidbahre Vereinigung, verstehe
in den Gottseligen) des Geistes GOttes und
der Seelen wahrhafftig ist und bleibet, sie
auch mit der wunderbarlichen Auf- und Nie-
dersteigung im irrdischen Werck (so ungefährlich zum siebenden mahl geschicht) der Zahl
nach sich füget und fein vergleichet. Dann, da
werden auch sechstausend Jahr der Trübsal
und

und zeitlichen Mühe (ſo lang nehmlich die Welt
ſtehen ſoll) gefunden.   In welchem, durch
den Geiſt GOttes, die troſtloſe Menſchen je
und je zu allen Zeiten im Creutz und Widerwärtigkeit reichlich ſeynd aufgerichtet, getrö-
ſtet und geſtärcket worden, welches, GOtt
Lob und Danck, noch tä lich geſchicht und
geſchehen wird, bis der groſſe allgemeine Sab-
bath- und Ruhetag des ſiebentauſenden Jahrs
herfür brechen und angehen wird, da alsdann
ſolche geiſtliche Labſal und Erquickung einmahl aufhören, und ſeine lang verhoffte End-
ſchafft haben, und, an ſtatt deſſelben, (die
weil GOtt alles in allem ſeyn wird) eine ewig-
währende Freude kummen und angehen wird.

Hierzwiſchen aber währender Digeſtion und
Kochung des geiſtlichen abgeſtorbenen Cörpers
im Menſchen ſich auch gleicher Weiſe (wie im
irrdiſchen Werck zu ſehen) viel und mancherley Farben und Zeichen, das iſt, allerley Creutz,
Jammer und Trübſal als da ſonderlich ſeynd
die vorermeldte Verſuchungen, ſo vom Teufel,
der Welt und unſerm Fleiſch, geſchehen und
verurſachet werden) erzeigen und ſehen werden
laſſen, welche doch alle mit einander gute Anzeigung geben, daß es mit einem ſolchen wohl-
geplagten Menſchen zu einem glückſeeligen
Ausgang kommen werde, immaſſen dann ſolches die h. ilige Schrifft auch bezeugt, daß alle, die Gottſeelig wollen leben in Chriſto JE-
ſu, müſſen Verfolgung leiden, und daß wir
durch viel Trübſal eingehen müſſen in das
Reich GOttes: Wie dann Sanct Auguſti-
nus

2.Tim.4.

2.Cor.7.

2.Tim.3.
Act. 4.

nus auch spricht: Verwundere dich nicht, Bruder, so dich (nachdem du ein Christ bist worden) allenthalben wohl tausend Trübsalen
veriren; Sintemahl unsers Glaubens Haupt
Christus ist, und wir seine Glieder. Derohalben wir Ihme nicht allein, sondern auch
seinem Leben nachfolgen sollen. Das Leben
Christi aber ist erfüllet mit allerley Trübsal,
mit höchster Armuth umgehen, von den
Schrifftgelehrten und Pharisäern verspottet,
zuletzt vor uns Sünder dem allerschmählich-
sten Tod überliefert, daher dann wohl abzunehmen, daß, so dich GOtt mit gleichem Leben begabt, und mit gleicher Verfolgung züch-
tiget, Er dich in seiner Auserwählten Zahl
will setzen. Dann, ohne dergleichen Trübsal
mögen wir mit nichten zu GOtt kommen;
Ursach: Alle, die so in das Paradieß zu gehen
im Willen haben, die müssen durch Feuer und
Wasser gehen, es sey gleich Petrus, dem
gegeben seynd die Schlüssel des Himmels;
oder Paulus, das auserwehlte Faß oder
Rüstzeug GOttes; oder Johannes, dem entdeckt sind die Geheimniß GOttes. Es ist
vonnöthen, daß sie alle sagen: Durch viel Trübsal müssen wir eingehen in das Reich GOttes. Huc usque Augustin. Und ist dieses hiebey
auch wohl zu mercken, und in Acht zu nehmen,
daß die chymische Philosophi den Antimonium
durch den (wie hiezuvor in der chymischen
Præparation vermeldet, die nachfolgende Fermentation geschehen muß, ehe sie dem erlang-
ten Elixir oder chymischen König beygelegt
werde,

werde, oder mit dem alten grauen Saturno ein
Schweiß-Bad halten und außstehen, eben
mit diesem Character ♃ bezeichnet und angedeutet haben, welches dann nicht ungeschickt
für ein Wunder und Geheimniß gleichsam zu
halten und anzuschauen ist. Inmaffen dann
solche Form und Gestalt bey uns Christen auch
gleichfalls zu finden, und fast in gleicher Ver-
borgenheit gebrauchet und fürgestellet wird,
indem, so man dem höchsten Haupt und Regierer der gantzen Christenheit einen Reichs-
Apfel, oben mit einem Creutzlein, zueignet in
die Hand, damit angedeutet wird, daß solcher, ehe er zu friedlicher und ruhiger Poffeſs
gelanget, zuvor dieser Welt Creutz und Leiden
wohl erfahren, und dadurch getrieben, versucht und approbirt werden muß, welches
Vorbildung und Bedeutung dann ge-
dachte Philoſophi, so vor uralten Jahren gelebt, vielleicht mit solchem Zeichen ♃ nicht ungefehr oder vergeblich, und eben zumahl in
dieser chymischen Arbeit (die solchen Proceſs
auch erfordert) haben andeuten wollen. Welches alles nicht unfüglich auf vorerzehlte Creutz-
Schul und Trübsal der Christen, (daß sie
nehmlich auch vorhin, ehe sie zur ewigen Freude und Ruhe eingehen, durch den beschwehr-
lichen Welt-Lauf, oder mit dem feindseeligen
grauen Saturno, das ist, dem alten Adam und
Satan, eine Kampf-Schule und Schweiß- Job. 16.
Bad halten müssen (kan gezogen und angedeutet werden.

H   **Der-**

Dergleichen dann zu diesen vorermeldten
Trübsalen, auch viel und manche sey Wunder
und Zeichen, auch grosse Veränderung hin
und wieder in der Welt (auf welche auch gleichfalls gute Achtung zu haben) fleißig zu betrachten seyn; als, daß man hören wird Krieg
und Kriegs-Geschrey, Rotten und Secten,
Pestilentz und theure Zeit, welches alles Vor-
boten seynd, daß unsere Erlösung nahe ist: In
Summa, wann die allgemeine Auferstehung
der Todten geschehen wird, die Menschen alsdann erst durch des Lammes Blut überwinden
werden, (sintemahl die vorige neue Wiedergeburt, so in der Heil. Taufe geschehen, dieser
andern rechten und allererst gantz vollkommenen
neuen Geburt im ewigen Leben nur ein Anfang
ist) auch zu einem neuen unvergänglichen Leben,
nachdem Seel und Geist mit dem Leib wieder
vereiniget, und in eine unzertrennliche und
ewig-währende Union oder Fixigkeit werden gebracht seyn worden, erweckt und erstehen werden, also und dergestalt zwar, daß wir durch
Kraft und Würckung unsers Allmächtigen
Himmels-Königs Christi des HErrn (mit dem
wir durch den Glauben realiter, wahrhaftig,
leiblich und würcklich, wider aller Menschen
Vernunft, vereiniget werden) mit reiner, geistlicher wunderlicher Kraft, Stärcke und Behen-
digkeit, Glory und Herrlichkeit verkläret, ja
Esa. 26. leuchtend, herrlich und plusquamperfect sollen
seelig gemacht werden, welche wunderbahre
Vereinigung Leibs, Seelen und Geistes, auch
göttliche Glorification und Erhöhung der Aus-
erwähl

erwählten (gleichwie im irrdischen Werck) ohne Bestürtzung in diesem Leben von uns auch
nicht mag betrachtet, will geschweigen, gesehen werden: Inmassen sich dann auch die Engel darüber verwundern, und sie solche zu beschauen sich gelüstet, da wir dann mit Christo,
unserm ewigen Himmels-Fürsten, samt allen
heiligen Engeln und Fron-Geisterlein, in ewiger Freude und majestätischer Herrlichkeit, über
alles herrschen und regieren werden in alle
Ewigkeit, Amen.

Beschließlich, gleichwie im chymischen philosophischen eine kurtze und doch nothwendige
Correction oder Verbesserung des schadhaften
und verwahrlosten Compositi, wie nehmlich
demselbigen bey Zeiten fügliche Hülfe möchte
beygebracht werden, als daselbsten dann der
Process darmit samt den zugehörigen Mitteln
ordentlich zu finden, alsogleich zum Anfang
ist beygesetzt worden: Also auch allhie im theologischen Werck eines armen Sünders geistliche Correction und Restitution wohl und fleis-
sig in Acht zu nehmen seyn will, da sich auch
der Gebrechen oder Mängel, einer oder mehr,
an einem Menschen wolte erregen, indem er
etwan aus Verhängniß GOttes, durch Antrieb
des leidigen Satans, der gottlosen Welt, und
seines Fleisches, in Sünden geriethe, und entweder durch Hoffart und Ehrgeitz, so uns allen angebohren, (und mit der schädlichen Sublimation, oder zu frühzeitiger Röthe, als er-
stem und andern Mangel, im irrdischen Reich
sich vergleichet) zu Fall gebracht würde, oder

H 2   wegen

wegen begangener groben fleischlichen Sünden
an GOttes Barmhertzigkeit endlich verzweifeln,
oder aber wegen vielfältiger Hitze der Trübsalen wider GOtt seinen Schöpfer murren und
ungedultig werden wolte, (welche beyde Mängel mit dem dritten und vierdten Irrthum übereinkommen) alsdann ein solcher armer schad-
hafter Mensch, gleich dem eingesetzten irrdischen, doch schadhaften Composito, erstlich
wiederum von neuem solvirt, das ist, nach Erkenntniß seines Irrsals, durch den Löß-Schlüs-
sel der heiligen Solution, so offt er dessen be-
dürfftig, von seinen Sünden und täglichen
Gebrechen wiederum absolvirt und gereiniget,
hernach in dem Heil. Abendmahl mit der reinen
geistlichen Milch, 1. Cor. 3. und rechten himm-
1. Joh. 5. lischen Lamms-Schweiß, als Blut und Wasser, ja Wasser und Brunnen des Lebens, dar-
Apoc. 19. zu auch von dem fetten Mahl von reinem Wein
und Marck, Esai. 25. und offenen Gnaden-
Brunn, Zach. 13. so da doch auch, gleich dem
Mercurial-Wasser im chymischen Werck, den
Unwürdigen und Gottlosen, das gröffeste Gifft
ist, gespeiset und getränket, gelabet und ge-
stärcket werden muß, bis er auch (gleich dem
irrdischen Composito) zu endlicher Congelation
und völliger Fixation das ist, zu vollkommener beständiger Perfection der Seeligkeit kommen thue und gelange, welche beyde heilsame
Mittel der Cur und Sanation eines armen
Sünders (als nehmlich die heilige Absolution
und Abendmahl) der getreue und barmhertzige
GOtt dem Menschen zum besten verordnet, und
seiner

feiner lieben Kirchen, dieselben im Nothfall aus-
zuspenden, vertrauet und überantwortet hat.
Dann, da werden wir durch die jetzt erwehnte
Abfolution, oder wie man es auch nennet, das
Amt der Schlüffel, wann wir wahre Buffe
thun, ledig und loßgesprochen, oder aber, so
wir unbußfertig sind, und in Sünden verharren, durch den Chriftlichen Bann und Binde-
Schlüffel, so auch zu diesem Amt gehörig, in
unfern Sünden gebunden, und dem Satan
zum Verderben des Fleisches, 1. Cor. 5. damit
der Geift am Tag des HErrn möge seelig werden, übergeben.

Beschluß.

Alfo haft du hiemit, günftiger lieber Leser,
eine kurtze und einfältige Demonftration Debr. 5.
und Erklärung, auch unfehlbahre Contrafactur
und allegorifche Vergleichung beyde des irdi-
fchen und chymifchen, und auch des rechten
himmlischen Steins, JEfu Chrifti, durch welchen du zu rechter Glückseeligkeit und Vollkommenheit, nicht allein allhie in diefem zeitlichen, sondern auch im ewigen Leben, gelangen und kommen magft. Und obwohl bey-
derseits, in dem nechft vorhergegungenen theologischen Werck, solches alles richtiger und
völliger hätte können tractirt und gehandelt
werden, so wiffe doch, daß ich kein Schrifft-
gelehrter, oder jetziger Welt-Ariftotelifcher
Theologus, sondern ein Bürger und privat-
Person bin, der ich solche mir von GOtt ver-

H 3   liehe-

liehete Scientiam auf keiner Univerſität oder
hochberühmten Academia ſtudirt und erlangt,
ſondern auf der allgemeinen Schul der Na-
Job. 12. tur) und aus dem groſſen Wunder-Buch (in
welchem alle Gottesgelehrte vor viel hundert
Jahren geſtudirt) erlernet und ſtudirt habe.
Darum ich dann dieſe meine Beſchreibung
nicht auf den zierlichen, oder hohen Buchſta-
ben, ſondern wie gemeldet, der Einfalt nach,
gerichtet und gemacht habe. Wie es dann
auch meiner Profeſſion und Beruffs, von theo-
logiſchen Sachen weiter zu handeln, nicht ge-
ziemen will : Sondern, was ich gethan, hab
ich meines Theils denjenigen, die vielleicht ſo
weit noch nicht kommen, eine kurtze Andeutung
thun wollen, auch ſolchen weiter nachzuden-
cken befliſſen zu ſeyn: Sintemahl einem jeden
Liebhaber der Wahrheit gebühren will, die
Wunder GOttes nicht zu verſchweigen, ſondern, daß ſie dieſelben ſollen ausbreiten, rühmen und preiſen. Ueber das hab ich auch zugleich meine Confeſſion, wie ich von den Ar-
ticuln chriſtlicher Religion halte und glaube,
öffentlich hiermit bezeugen und ſcheinen wol-
Pſal. 116. len laſſen. Dieweil es leider jetzunder alſo beſchaffen, daß mancher frommer Chriſt, durch
der lügenhafften Calumnianten unzeitiges judiciren, (wann man ihnen ihren Reihen nicht
will helffen ſingen) hinterwärts für einen Ke-
tzer und Schwärmer verleumden und aus-
ſchreyen, ja, auch angefeindet und verdächtig
gehalten wird, welch der Welt gottloſes ca-
lumniren, und freventliches judiciren, gleich-

ε   **wohl**

wohl keinem rechten Christen (dem solches begegnet) beschwerlich seyn solle. Sintemahl
der Teufel, und dessen Schuppen, die Welt-
Kinder, dieses zu jeder Zeit im Brauch gehabt,
auch solches Christo und allen seinen Nach- Psal. 94.
folgern erwiesen, und noch täglich erweisen Jer. 11.
thun, von welchem gleichwohl allhie zu reden
ich es beruhen lasse, und solches dem höchsten
Richter aller Richtern, der dann der rechte
Grund- und Prüf-Stein aller Hertzen ist, bey-
derseits will heimgestellet und befohlen haben.

Ferner, was die vorhergehende Tractation 1. Chron.
des nunmehr offterwehnten irrdischen Steins 19. Der
belanget, will ich hie in diesem Beschluß den Herr su-
Liebhabenden dieser Kunst der Alchimiæ noch- chet alle
einmahl zum Ueberfluß des anfänglichen Be- Hertzen.
richts Unterweisung, so ich gethan, mit Fleiß
erneuert, ermahnet und zu Gemüth treulich
geführt haben. Dann, gleichwie in einem
schönen Gesang eine gute Clausul mehr als zu
einem mahl repetirt wird: Also in diesen Puncten allhier von mir auch geschicht; daß nehmlich ein solcher sein Vorhaben und Gedancken
zu dem irrdischen philosophischen Stein nicht
eher haben, oder darinnen mit laboriren einen
Anfang zu machen begehren solle, er habe dann
zuvorhin den himmlischen (um welches willen
der irrdische von GOtt gegeben) recht lernen
erkennen, ihme zubereitet, oder aber zum wenigsten, beyde, als geistlichen und leiblichen, Ecclef. 1.
mit grossem Ernst zugleich neben einander
würcklich zu præpariren angefangen. Dann
ich sonderlich in diesem Stück, wie nehmlich,
H 4   ohne

ohne Erkenntniß der Natur, solch hohes Werck
vergeblich angefangen, und gearbeitet werde,
mit allen wahren Philosophen consentire; Ja
auch, wie nehmlich, ohne wahre Erkenntniß
des himmlischen Ecksteins Christi, als in dem
die gantze Natur vollkömmlich bestehet, der
irrdische Stein zu erlangen, und zu überkommen, nicht allein schwerlich, sondern, wie ich
dafür halte, fast unmöglich sey, für meine
Person noch mit allem Fleiß hierbey notire
und bekenne, darum man dann diese Puncten
wohl solte betrachten, und nicht (wie von vielen
geschicht) so begierlich und unbesonnen solche
hohe Kunst (da doch offt einer im wenigsten
nichts darzu geschickt, noch in offtgem Id: er
Erkenntniß etwas rechts geübet ist) anzufan-
gen gedencken, wann man anders hierinnen
nicht eines spöttlichen Ausgangs gewärtig
seyn will. Dann, wie es angefangen, also
auch seine Endschafft bekommt, wie leider der
Augenschein bey vielen täglich ausweiset:
Welches aber alles des unzeitigen Vorhabens
und der Erkenntniß Unkündigkeit allein die
Schuld ist.

    Dessen sich noch mehr zu verwundern, in-
dem etliche Leute gefunden, die solcher hohen
Kunst nicht allein nachforschen, sondern auch
sich derselben wohl unterfahen dürffen, und
darbey (ob es eine natürliche oder recht magi-
sche, oder aber eine unnatürliche und nigro-
mantische Kunst, als die nur durch Geister
und verbotene Mittel zuwegen gebracht werde, sey) noch in Zweiffel stehen. O nein,

Ecclef. 7.

lie-

lieber Gefell, der Teufel und alle Gottlofen
haben, ohne Zulaffung GD.tes, die Macht
nicht, das geringfte von diefer Kunft anzugreif=
fen, will gefchweigen in ihre Gewalt zu brin=
gen, und darmit zu thun und zu laffen, was
fie wollen.   Nein, fage ich, fie ftehet allein
in GOttes Hand und Gewalt, der giebt und
nimt fie, wem Er will.   Sintemahl zu folcher
Kunft, fo von und aus GOtt ihren Urfprung
hat, keine Voluptarii oder Welt=lüftige Men=
fchen, vielweniger Höllenpußifche Geifter, gehö=
ren, fondern ein folcher Geift, der da einfältig,
fchlecht, wahr und ftandhafft, auch eines rei=
nen gottfeligen Wefens, welchen Geift aber
die jetzige ruchlofe Welt nicht kennt, und dem=
nach von folchem feinen Wefen und hohen
Geheimniß fehr wenig wiffen thut.   Derowe=   Cap. 5.
gen ihnen dann auch, fo fie etwas darvon hö=
ret, und daffelbe nicht alsbald ihres gefaßten
Sinnes ift, folches eine Thorheit heiffen, und
wegen ihrer Blindheit jederzeit verborgen und
entnommen feyn und bleiben wird.

Damit ich aber mit diefem von meinem
Propofito mich nicht zu weit verrücke, fondern
daffelbe wiederum berühre und vollführe, will
ich den Gottliebenden Artiften, diefes hiebey in   Eccl. 18.
Acht zu nehmen, noch einmahl erinnert haben: und 29.
Daß nemlich, wie er gegen GOtt fein Hertz
und Gemüth, Wandel und Leben anftellen
und regieren thue, er folches ebenermaf=
fen an des Steins unterhabenden Werck=
Fortgang alle Tage, auch alle Stund,
mercklich zu fehen und zu fpüren haben
              H 5   wird.

wird. Welches ich dann selbsten täglich mit
Fleiß und grosser Andacht observirt, und in
der That also erfahren habe. Derowegen
dann ein jeder seine Sachen im Anfang dahin
richten, und also sich zu bereiten haben wird,
auf daß er hernach, in beyden, ein besto glück-
seeligers Ende auch erreichen und erlangen
möge.

Hier dürfte mir aber einer entgegen halten,
wie etliche seynd und gefunden werden, die
diesen philosophischen Stein oder Tinctur, mit
dem sie zwar die schlechten Metallen zu Gold
und Silber immutirt, auch wahrhafftig gehabt, und doch nicht, wie ich anzeige, qualificirt gewesen seynd, und doch den himmlischen darbey nicht eben also erkennet, ja auch
noch wohl ein leichtfertiges Leben darzu geführet hätten: Denen aber antworte ich wiederum entgegen, daß ich dieselben zwar in ihrem Statu beruhen lasse, und wo sie solche ihre Tinctur bekommen, und zuwegen gebracht,
an diesem Ort nicht darvon zu disputiren be-
dacht: Daß sie aber die rechte wahre Tinctur,
von welcher ich in diesem gantzen Tractat gehandelt, selber gemacht und zubereitet sollen
haben, wird mir dasselbige mit Wahrheit niemand darthun, noch vielweniger das zu glauben mich bereden können. Wie dann solcher leichtfertiger Leute tragischer Ausgang,
den sie mit ihrer habenden Tinctur ihnen selbst
auf den Halß gezogen und verursachet, solches
zum offternmahl bezeuget, und noch täglich
zum Theil leider erweisen thut, will geschweigen,

Eccl. 19.

Cap. 1.

gen, daß auch die Alchymey-Kunst, sammt
ihrem Anhang, unterschiedlich und nicht einerley ist. Dann, gleichwie man in andern Fa-
cultäten unterschedene und wandelbahre Se-
ctirer findet: Also auch in dieser Kunst gleichfalls geschicht, welche zwar alle in gemein Alchymisten genennet werden, aber nicht auf
einerley Intent gerichtet sind.

Exod. 30.
Jacob
aber
nahm
Stäbe.

Ich rede aber hier nur allein von der wahr-
hafften Naturgemäß-künstlichen Alchymia, die
da fürnehmlich unter andern, wie das Böse
und Unreine von dem Guten und Reinen zu
erkennen und unterscheiden sey, lehret, durch
welche man alsdann hernach der gebreftlichen
und schadhafften Natur zu Hülffe kommen, und
rechte Beförderung erzeigen kan: Die dann in
Augmentirung der Metallen ebenmäßig, als
wann du etwan einer Frucht zur Zeitigung, so
durch Unfall gar reiff zu werden verhindert worden, Hülffe beweisen, oder aus einem Körnlein oder Saamen vielfältige Vermehrung zu
überkommen begehren woltest, zu vergleichen
ist, welches alles mit schlechten und geringen
Kosten gearbeitet, und verrichtet werden kan.
Auf die andere sophystische Argwohn oder alchymistische Kunst verstehe ich mich gar nichts,
begehre sie auch nicht zu lernen. Dann mir
ihre Meister gar zu viel krumme Wege in derselben fürweisen, und gantz güldene Berge, die
etwan gar zu weit entlegen sind, vergeblich verheissen mögen. Zudem auch solche falsche Arg-
chymisten-Kunst nichts beständiges gibt, und
nur grosse Kosten, vergebliche Mühe, und letz-

Ecclef. 3.
Wer sich
auf Ge-
fahr, ꝛc.

Prov. 1.

lichen

lichen auch wohl Leib und Leben, darauf gehen
thut. Derowegen dann, so dir einer oder mehr
solcher Alchymisten, die sich der wahren Natur-
gemässen Kunst, Alchymia rühmeten, und dieselbe um Gelds willen dich oder einen andern
zu lehren begehren wollten: oder aber, wie sie
es dann an dem grossen Verlag und Kosten, so
darzu gehörig, nicht vermögten, fürwendeten,
zu Handen kommen thäten, siehe so sey hiemit
gewarnet, und traue ihnen nicht, dann es ste-
cket gewiß ein Betrug oder Falsch darhinter.

Wer der Kunst wahrhafftig thun kan,
Beut sie keinem um Gelds willen an,
Ein jeder diß gedencken kan.

Mich. 2.
Wann ich
ein Irr-
geist wä-
re,
Zudem will ich dich auch mit Wahrheit berichten, daß der Kosten, so ungefährlich in allem auf das gantze Universal-Werck verlauf-
fen mögte, (ausgenommen der täglichen Nahrung, und Unterhaltung des Feuers) über drey
Florin nicht gestehen thut.

Dann, die Materia, wie oben auch gehört,
zum Theil unachtsam und gering, und überall, der Nothdurft nach genug, ohne grosse
Mühe zu bekommen. Die Arbeit ist leicht und
geringthätig. In Summa, die gantze Kunst,
Psal. 110. dem Frommen und von GOtt darzu erwählten aufs schlechtest und einfältigest: Dem
Gottlosen aber und Bösen aufs schwerest und
unmöglichest, zu fassen und zu erforschen ist.
Apoc. 3. Damit ich aber folgends beschliesse, so will ich
dir noch zur letzte auch diß, als eine Zugabe,
mit zugeschlossen haben, daß nehmlich, wann
dir der Allmächtige seine Gnade (in Offenbarung

rung dieſer gottſeeligen und heiligen Kunſt)
mitgetheilet, du alsdann dieſelbige recht gebrauchen, und darzu verſchwiegen ſeyn, (auch
deßwegen ein feſtes Schloß für deinen Mund Eccl. 29.
legen, und ſchlieſſen ſolſt) damit dich etwan die O daß ich
Lautprächtigkeit, oder vielmehr Hoffärtigkeit, löhte ein
beydes, bey GOtt und den Menſchen, in Ge- Schloß ꝛc.
fahr und Schaden, auch zeitliches und ewiges
Verderben, nicht bringen möge. Darum du
dich dann wohl fürzuſehen haſt.

> Wer durch die Kunſt will werden reich,
> Der ſey fromm, ſchlecht, ſtill, und auch ſchweig:
> Wer aber das nicht werden than,
> Der macht ſich ſelbſt zum armen Mann.

Dieſes alles hab ich dir, lieber Leſer, beydes,
zu Erinnerung und Warnung zum Valete un-
angemeldt nicht laſſen wollen: Verhoffe, du
werdeſt mich in allen (ſofern dir GOtt anderſt
nicht die Augen und Ohren verhält) gnugſam-
lich verſtanden und gemercket haben. Dann
ich diß treulicher und deutlicher (ſo viel mit gutem Gewiſſen zu thun) nicht fürweiſen, oder offenbarlicher beſchreiben können. Wann du
es hieraus nicht verſtehen oder lernen kanſt,
trage ich Sorge, es werde dir ſchwerlich durch
andere Unterweiſung zu ergreiffen ſeyn.

Appendix.

Im Fall du dich ſolcher, dir von GOtt hohen verliehenen Gabe, würdeſt übernehmen,
und darmit ſtolßieren, oder aber den Geitz, im
Schein einer häußlichen Fürſehung, bey dir be-
herbergen, und dadurch dich alſo allgemach
von

von GOtt abwenden wolteſt, dir ſolche Kunſt
unter den Händen mißlingen, zerrinnen, ja
verſchwinden würde, daß du wohl ſelbſt (wie
dir geſchehen) nicht wiſſen ſolteſt: Welches
dann wohl mehr als einem, ſolcher Geſtalt,
wider alles Verhoffen wiederfahren iſt.

In Summa Summarum.

Wirſt du Gottesfürchtig ſeyn und Fromm,
  Und folgeſt meiner Inſtruction,
Und wirſt hernach auch nehmen thun
  Die Materie, darvon dann ich
Zuvor hab unterrichtet dich,
  Auch ſie bereiten, wie offt gemeldt,
So haſt du den Schatz dieſer Welt.

Zu welchem deinem Vornehmen dann
(wann es dir anderſt ein rechter Ernſt) der Allmächtige GOtt ſeine Gnade und göttlichen
Seegen verleihen wolle, welches ich dir von
Hertzen hiemit will gewünſchet haben, Amen.

Gebet.

ALlmächtiger Ewiger GOtt, der du
biſt ein Vater des himliſchen Lichts,
von deme auch alle gute und vollkommene Gaben herab kommen: Wir bitten deine grundloſe Barmhertzigkeit,
du wolleſt uns deine ewige Weisheit,
die ſtets um deinen Thron iſt, und durch
welche alles geſchaffen und gemacht,
auch noch geregiert und erhalten wird,
recht laſſen erkeñen. Sende ſie herab von
dei-

deinem heiligen Himmel, und aus dem
Thron deiner Herrlichkeit, daß sie mit
uns sey, und mit uns arbeite, dieweil
sie eine Meisterin ist aller himmlischen
und verborgenen Künsten, und auch
alles weiß und verstehet. Lasse sie uns
mäßiglich leiten, in allen unsern Wercken, auf daß wir durch ihren Geist den
rechten wahren Verstand und unfehl-
baren Proceß der Hoch-Edlen Kunst,
das ist, der Weisen ihren Wunder-
Stein, den du der Welt verborgen, und
nur deinen Auserwählten offenbahren
thust, gewiß und ohne Irrung erlernen, und also das allerhöchste Werck,
so wir allhie zu verrichten, erstlich recht
und wohl anfahen, darinnen beständ-
diglich fort arbeiten, letztlich auch see-
liglich vollenden, und dessen in Ewigkeit mit Freuden geniessen mögen, durch
denselbigen deinen himmlischen, auch
ewig-gegründeten Eck- und Wunder-
Stein, JEsum Christum, der mit
dir, O GOtt Vater, sammt dem
Heiligen Geist, wahrer GOtt, in
einem unzertrennlichen Göttlichen
Wesen herrschet und regieret, ein
Dreyeiniger GOtt, Hochgelobet in
Ewigkeit, Amen.

Josua

Josua 21. verf. 44. 45.
Also gab der HErr dem Israel alles
Land, das Er geschworen hatte ihren
Vätern zu geben, und es fehlet nichts
an allen Gutem, das der HERR dem
Haus Israel geredt hatte, es kam alles.

Deut. 32. verf. 3.
Gebt unserm GOtt allein die Ehre,
A M E N.

E P I G R A M M A.

Die Kunst des Goldmachens so werth
Ist gar ein geringes Thun auf Erd,
  Man find manchen, der solchs fürwahr
Wohl kan, und machts noch immerdar,
  Wird aber doch nicht reich mit Glück,
Das macht, es fehlet noch ein Stück,
  Welches liegt in dieser Kunst verborgen,
Viel Leuten nicht macht wenig Sorgen;
  Nemlich, daß solches Geld nicht hält,
Auch fix will bleiben, wann mans stellt
  Wohl auf die Prob, sondern in Eil
So geschwind hinweg fleugt mittlerweil;
  Wer aber diß kan, daß es fix
Und beständig bleibt, auf daß ihm nichts
  Davon abgehet, in allem gar,
Der hat die rechte Kunst fürwahr,
  Und mag gar wohl an diesem End
Ein recht Goldmacher werden genennt.

Aliud.

Die wahrhaftige Alchimey,
  Und die rechte Theosophey,
Seynd beyde also nahe verwand,
  Als dem Leib ist die rechte Hand
Solches in diesem Bild zur Frist,
  Gar schön dir fürgebildet ist,
Nemlich, was sie allhie zumal,
  Für Bedeutniß habe überall,

Erst.

Erstlich, so schau den Helmen an,
  Mit zween Flügeln, darzu den Hahn,
Das zeigt dir, daß sie träget Gunst,
  Groß Lieb, zur Edlen freyen Kunst,
So wohl auch zu der Weisheit rein,
  Die da leucht wie der Sonnenschein.
Ihr Leib oben entblöset gar,
  Zeugt, daß sie mit Lust immerdar
Geliebet wird für Geld und Gut,
  Wer sie nur einmal sehen thut;
Ja, wann sie also blos entdeckt,
  Erblicket wird oder geschmeckt,
So kan man sich ihrer zumal,
  Schwerlich verzeihen überall,
Und doch solch Liebe, wo man kan,
  Verbirgt, das zeigt die Larven an;
Ist gleichwol darbey gantz und gar,
  Ein's freyen Hertzens offenbar,
Ihr Wort und Red seynd schlecht, gerad,
  Dann sie kein Falschheit in ihr hat:
Hat auch ein aufrichtigen Muth,
  Das ihr frischer Stand zeigen thut,
Und doch darbey auch gleichsam sicht,
  Als wäre sie zum Fall gericht,
Welch's bedeut, daß sie jederzeit
  Von der Welt hat viel Haß und Neid,
Die sie sucht umzustossen gar,
  Jedoch sie sich stets immerdar
Wieder empor, bald hoch, aufricht,
  Bleibt standhaftig und weichet nicht.
Beyd', gegen Menschen und auch GOtt,
  Obschon manch Wort und viele Spott
Ihr angehängt wird überall,
  Welches die Schellen, ohne Zahl,
An ihrem Kleid anzeigen than,
  Das läßt sie all's fürüber gahn,
Fragt nichts nach solchem allezeit,
  Sondern hält sich zu der Weisheit,

J   Auf

Auf welche ſie ihr Augen klar
Allzeit thut richten gantz und gar,
Hält das für ihren beſten Theil,
In dem da ſteht allein ihr Heil,
Mit welchem ſie in Freuden eben
Ihr Zeit zubringt in dieſem Leben;
Achtet der weltlichen Ehr allein
Nicht hoch, läſt ihren Weg hin ſeyn.
Vielweniger, im andern Lauff
Der gantzen Welt, Ungunſt zu Hauff,
Die ihr darneben mit Unruh
Viel Creutz und Leiden füget zu;
Solch's alles mit behertztem Muth,
Sie gar g'ring und leicht tragen thut,
Das macht, ſie hat ein'n Schatz bewährt,
Der ihr giebt all's, was ſie begehrt,
Läſt doch den Geitz bey ihr kein ſtatt
Nicht finden, ob ſie ſchon diß hat,
Mit dem die Welt ſonſt iſt frölich,
Solch's alles ſie tritt unter ſich,
Weil rund und waltzend iſt das Glück,
Und oft gar bald beweißt ſein Tück,
Derhalb ſie oft mit Uberdruß
In Dorn und Diſteln baden muß,
Bis ſie aus dieſer Welt ſcheid't ab,
Und ſich zur Ruh legt in ihr Grab,
Alsdann ſich erſt ihr rechter Muth
Hoch über ſich aufſchwingen thut,
Und mit Freuden die Himmels-Kron
Empfangen wird für ihren Lohn,
Darneben auch auf dieſer Erd
Ihr Lob und guter Nahm ſo werth
Erſt auch herfür wird leuchten ſein,
Hellgläntzend, wie der Sonnenſchein,
Und unvergänglich wohl erkennt,
Feſt bleiben, bis an der Welt End.

Unſerm GOTT allein die Ehre.

E N D E.

Beweiß

Beweiß der Natur,

welchen sie den irrenden Alchymisten thut, indeme sie sich über den Sophisten und thörichten Kohlenbläser beschweret,

Beschrieben

durch

Johann von Mesung.

NATURA.

Ch GOTT! wie bin ich so bekümmert, wann ich das menschliche Geschlecht betrachte, welches GOtt nach seinem Ebenbild zu einem vollkommenen Werck gemacht, das aber über alle andere Creaturen, ohne rechten Gebrauch der Zeit und Ration, so weit von mir, der Natura, und meiner Ordnung abweichet. Ich rede mit dir phantastischen Narren, der du dich einen alchymischen Practicanten und guten Philosophum nennest, und hast doch weder Kunst noch rechte Materie, weder Theoriam, noch Wissenschafft, oder meiner Erkenntniß. Du grober Esel, brichst Gläser und brennest Kohlen, daß dich der Dampf im Kopf toll machet: Du kochest Alaun, Saltz, Auripigment, siedest Schwärtze, und geußt Metall, machest kleine und grosse Oefen, und brauchest vielerley Geschirr: Und dannoch schäme ich mich deiner Thorheit

J 2   heit

heit, auch welches mehr iſt, kränckeſt du mich
mit deinem ſtinckenden Schwefel-Rauch.
Du vermeyneſt durch dein ſtarck brennend
Feuer das Argentum vivum zu figiren, da es
doch nur das gemeine volatiliſche, und nicht
dasjenige iſt, daraus ich ein Metall mache.
Und richteſt auf dieſem Weg, wann du nicht
einen andern geheſt, nichts. Dann, du ge-
braucheſt meiner Wege nicht recht, und ver-
ſteheſt mein Artificium nicht. Es wäre dir
beſſer deines Thuns warten, als ſo viel ge-
ſchmieres, diſſolviren und diſtilliren, darnach
Alembicos, Cucurbitas, Diſtillatoria und Pe-
licanos congeliren. Nimmermehr wirſt du
Argentum vivum beſtehend machen. Du ge-
braucheſt zu deiner Vivation das Reverberir-
Feuer, und daſſelbige ſo heiß, bis daß es alles
in Fluß gehet; und auf ſolche Weiſe verrich-
teſt du dein Werck, aber im Ende verdirbeſt
du dich, und einen andern mit dir. Nimmermehr wirſt du ſolcher Geſtalt etwas finden,
wofern du nicht in meine Schmiede geheſt, in
der ich in dem Innern der Erden ohne Aufhören
Metall ſchmiede.

Dann, in dieſer wirſt du die Materie, mit
der ich arbeite, und die Art meiner Arbeit ſehen.

Gedencke nicht, daß ich dir meine Heimlichkeit entdecke, wann du nicht ſucheſt das wach-
ſende Körnlein der Metallen, Animalien und
Vegetabilien, die alle in meiner Gewalt, und
in der Erden behalten ſeyn. Eines, ſo viel die
Generation, das andere, ſo viel die Nutrition
betrifft.

Die

Die Metallen haben nur das Esse, die Vegetabilia haben das Vivere und Wachsen, die Animalia haben die Empfindlichkeit, welche mehr ist dann das Wachsthum. Die Metallen, Steine und Atramenta mache ich aus den Elementen, die ich in eine Mixtion und erste Composition bringe im Bauch der Erden, und darfst sie anderer Orten nicht suchen. Die Vegetabilia haben ihren Saamen, ihre Gestalt in demselben zu enthalten. Ingleichen geben auch die Animalia ihren Saamen, ihr gleiches zu gebähren. Und kurtz zu melden, thut ein jegliches sein Amt ohne Falsch. Du lasterhaftiger Mensch aber, der du dich meines Amts unterstehest, weichest allein, und mehrers dann alle andere Creaturen, von mir Natura ab.

Die Metallen haben kein Leben noch einige Nahrung zu wachsen, zu grünen oder sich zu vermehren; dann sie haben keinen gebährenden Saamen, darum zeugen sie auch nicht ihres gleichen. Sie sind anfänglich aus der Substantz der vier Elementen geschaffen, und von diesen laß ich sie werden.

Sie und die Gesteine haben nichts mehr, als das Esse oder ein Wesen.

Alle Gesteine sind brüchig, und alle Metallen güßig: Nach ihrer Fusion aber sollen sie fix seyn, und zu Hammerschlag tüchtig.

Eines Theils, als Gold und Silber, nehmen durch künstliche Reinigung grosse Perfection an sich: Die andern aber seynd desto unreiner: Dann ihr Argentum vivum ist zu rohe, und ihr irrdischer Sulphur zu verbrennlich. Darum

J 3 kan

kan dergleichen Metall nicht gereiniget werden,
dieweil die Materia keine gute Formam empfangen. Dann ich ordne alle meine Wercke so
wohl, daß ein iedes seine Gestalt herfürbringet,
nachdem daß die Materia rein ist.

Wann du nun wissen wilt, wo ich hierzu
die Materie nehme: So sage ich dir, daß ich erstlich aufthue die Kammer meiner hohen subtilen
Geheimnissen, und gehe suchen die rechte nächste Materiam, eine Mineram zu machen: Diese
nehme ich aus den Büchsen meiner vier Elementen, und ist solche ein anfänglicher Saamen,
der eine wesentliche Formam in sich hat, com-
ponirt in Simplicität, præpariret, und wohl
geordnet zum Transmutiren, die vier in eins,
so ein Genus generalissimum, oder allgemein
catholisch Ding sey. Alsdann gebe ich ihme,
durch meine Gütigkeit und Kunst, metallische
Kraft, darvon dann reine und unreine, harte
und weiche Metallen werden. Solche Materie ziehe ich aus den Elementen, ziehe sie mit
meinen Himmeln, und führe sie durch Länge
der Zeit von der ersten Materie in die nächste
und eigene Materie, von der ich meine Mineram mache: Darnach gehen heraus Sulphur
und Argentum vivum, welche sich in Metalla
verkehren: Nicht aber ein solches Argentum
vivum und Sulphur, wie du siehest, welches
allhier nichts solle: Dann, durch ihre widerwärtige Qualitäten seynd sie von ihrer eigenen
Natur in eine andere transmutiret und getrieben. Also gehet eine Materie, durch die Fäulung und Corruption, vermittelst der Privation
von

von ihrer erſten Forma, und ziehet eine neue an:
Und durch natürliche Wärme, welche die
Materia in ſich hat, und von dem Himmel
erwecket wird mit gelindem Feuer, ſo ich zu
machen weiß, gebe ich endlich eine ſolche Formam, welche die Materia gerne annimmt, und
ſie an ſich ziehet. Auf ſolche Weiſe ſeynd Pri-
vatio, Forma und Materia meine verordnete
und von oben herab empfangene Principia und
Anfänge: Und mein HErr, der Creator, hat
mir befohlen, daß ich, als ſeine Magd, von
der Univerſal-Materie die vier Elementa durch
meine Würckung und Regiment transmutire
und bringe unter eine allgemeine oder Univer-
ſal-Forma aller mineraliſchen Geſtalten. Ingleichen führe ich durch meine natürliche Kunſt
die Sonne in 24. Stunden um den Erd-Kreis,
welche niemals nachläſſet, durch ihre Bewegung in einem jeden Element eine Wärme
zu erregen: Gleichergeſtalt thut auch die achte
Sphæra, die ſieben Planeten, und ihr Vater,
das primum Mobile, welches die andern Sphæ-
ras alle mit ſich herum reiſſet. Es nimmt ſeinen Lauf gegen Occident, die andern aber alle
thun das Widerſpiel, theils in langer, theils
in kurtzer Zeit: Als der Saturnus durchläuft ſeine Sphæram in 30. Jahren, der Jupiter in 10,
der Mars in zweyen, die Sonne durchläuft
ihre Zeichen in einem Jahr und 6. Stunden,
die Venus in 349. Tagen, der Mercurius in
339. Tagen, die Luna durchwandert die 12. Si-
gna in 29. und einem halben Tag. Durch
dieſen unterſchiedlichen Lauf entſtehen Som-

mer und Winter, Veränderungen in den
Elementen, und auf Erden der Dinge Gebährung. Und mag nichts, es sey empfind-
lich, sichtbarlich oder unsichtbarlich, ohne mich,
die Himmel und GOtt, seyn oder statt haben.
Also würcken die Himmel alle Dinge, so
unter dem Mond beschlossen, und geben ihre
Influentz in die Kraft der Materie: Und diese ist
begierig, als ein Weib gegen den Mann, die
Formam zu empfangen. Allen Sternen am
Himmel, so unzählich, seynd der Materien
in unterschiedlicher Zahl untergeben und un-
terworfen: Und seynd ihrer eines Theils klar,
eines Theils dunckel, welches alles ja wunderbarlich Ding ist. Sie würcken also unterschiedliche Dinge, nachdem sie einen unterschiedlichen Lauf haben, erstlich oben am Himmel, darnach herunter, nach ihrer Tugend
in den Elementen: Von dannen die Species
und Individua werden. Wisse derhalben,
daß so vielerley Influentzen nicht vergeblich herunter fliessen in das Element der Erden, wiewohl sie unsichtbarlich geschehen, und ehe sie
herunter in die Erden kommen, so hart in sich
selbsten beschlossen seyn, daß sie nach einander
mit Gewalt eingehen, und bis in das Centrum
durchdringen, in so unterschiedlicher Weise,
als sie auch in der Minera unterschiedliche Generationes durch unterschiedliche Impressiones
machen, und die Untern den Obern ohne Irrthum und Abwege folgen. Also ist nun die
Erde mit den Himmeln umgeben und gezieret,
und nimmt von denselben die Influentz und be-

ste

ste Subſtantz. Darum auch eine jede Sphæra ihre Tugend von ſich zu geben, und biß in das Centrum zu dringen begehret. Durch ſolche Bewegung und Hitze werden in der Erde auffſteigende Dünſte gebohren, die primæ Compoſitionis ſeynd. Der Dunſt iſt kalt und feucht, auf daß er ſich wieder niederſchlage, und wird in der Erden behalten: Wann er aber in ein Gewölcke gehet, ſo mag er auch wohl feucht und warm ſeyn. Was darvon irrdiſch und in der Erden beſchloſſen bleibet, das bringe ich durch Länge der Zeit in ein Schwefel, der das Agens, und in ein Argentum vivum, ſo das Patiens iſt. Alsdann iſt dieſes die andere Mixtion von der erſten Compoſition. Das Gantze aber iſt gezogen aus den 4. Elementen, die ich in eine Maſſam bringe, wie ich dir zuvor geſagt habe. Welches ich dir darum ſo oft wiederhole, auf daß du nicht irreſt, und dich nicht zu frühe in die Practicam begebeſt. Nach der Fäulung geſchicht die Generation durch die innerliche unverbrennliche Wärme, die Kälte des Argenti vivi damit zu erhitzen, welches ſo viel leidet, daß es mit ſeinem Sulphure eines wird. Diß alles iſt in einem Geſchirr begriffen, das Feuer, die Luft, und das Waſſer, die ich nehme in ihrem irrdiſchen Gefäß, und laſſe ſie ſeyn in einem einzigen Ofen, alsdann koche, diſſolvire und ſublimire ich ſie, ohne Hammer, Zangen oder Feile, ohne Kohlen, Dampf, Feuer oder Marienbad, und ohne der Sophiſten Oefen. Dann, ich habe mein himmliſches Feuer, wel-

ches erwecket das Elementarische, nachdem
als die Materie eine gebührliche Formam begehret. Also ziehe ich nun mein Argentum vivum aus den 4. Elementen und ihrer Materie,
diesem folget nach zugleich, und als es beydes
eines wäre, sein Sulphur, so es allgemach sanft
und nach seinem Appetit erwärmet. Alsdann
wird das Kalte warm, und das Trockene feucht
unctuosisch. Mercke aber, daß das Feuchte
nicht ohne sein Trockenes, noch das Trockene
ohne sein Feuchtes ist: Dann, eins wird von
dem andern in seiner ersten Essentz behalten,
welche in der Essentia elementativa ist der Spiritus und das fünfte Wesen, darvon unser
Kind seine Geburt nimmt. Das Feuer gebiehret und ernähret es in der Lufft: Zuvor
aber faulet es in der jungfräulichen Erden:
Darnach kommt herfür das Wasser, so wir
suchen müssen, welches die erste Materie ist,
davon ich meine Mineram anfange. Dann,
ein Widerwärtiges widerstehet dem anderen
Widerwärtigen mit Gewalt, und stärcket sich
in solcher Gestalt, daß es von dem Würckenden
nicht hinweggenommen wird. Alsdann ist
das Leidende transmutiret und seiner Form entblöset, durch Begierde der Materie, welche
stetiglich neue Formam an sich ziehet.

Ich regiere durch meine Weisheit das pri-
mum Mobile: Meine Hände seynd die achte
Sphæra, wie es mein Vater verordnet hat:
Meine Hämmer sind die sieben Planeten, mit
denen ich so schöne Sachen schmiede. Die
Materie, darvon ich meine Wercke mache, als

Ge-

Gesteine, Metalle, Bäume, Kräuter, vernünff-
tige und unvernünfftige Thiere, und in gemein
alle Dinge, die der Himmel beschleust, nehme
ich allein von den vier Elementen. Das Chaos
oder Hyle ist die erste Materie: Diese ist die
Herrscherin, so den König, Königin, und alles Hof-Gesinde erfreuet. Der Ritter ist jederzeit in seinem Dienst bereit, und die Kam-
mer-Jungfrau rüstet zu ihr Anbefohlenes. Je
herrlicher die Forma ist, je herrlicher ich mich
darinnen erzeige. Und wisse, daß ich Macht
habe, allen Essentien das Wesen zu geben,
sie beständig zu erhalten, und in drey Materien
eine Formam zu erwecken. Mercke ferner wohl
die drey Theile, darein GOtt im Anfang die
erste Materie getheilet: Von dem ersten und
reinesten Theil hat Er geschaffen Cherubim,
Seraphim, Ertz-Engel und alle Engel: Von
dem andern und nicht so reinen Theil hat Er
geschaffen die Himmel und ihren Beschluß:
Von dem dritten aber und unreinem Theil
die Elemente mit ihrer Eigenschafft: Und erstlich das Feuer, so an Tugend den andern vor-
gehet, so er in die Höhe unter den Mond gesetzet. Es hat keine Corruption, sondern den
reinen Theil von der quinta Essentia in sich.
Nach diesem hat Er die subtile Lufft gemacht,
und von der quinta Essentia auch darein, nicht
aber so viel in das Feuer gesetzt: Dann, nach
dieser hat das sichtbarliche Element des Wassers gefolget, welches so viel von dem fünfften Wesen hat, als es dessen bedarff: Und
auf das Wasser endlich die Erde: Solches alles

les aber und die gantze Natur, die ich die erste Creatur bin, hat Er in einem Augenblick
geschaffen. Die Erde hat Er dick und finster,
doch fruchtbar gemacht, und hält sie das wenigste Theil von dem fünfften Wesen in sich.
Anfänglich sind auch die Elementa nur schlecht
und als simplicia in ihrenSphæris gestanden:Al-
so ist die Lufft proprie und eigentlich nur feucht,
appropriate aber hilffet ihr das Feuer: Das
Wasser ist proprie kalt, appropriate aber feuchte, welche Feuchtigkeit es von der Lufft ent-
nimmet: Die Erde ist proprie trocken, appropriate kalt, und nimmt die Kälte von dem
Wasser: Wegen ihrer grossen Trockenheit aber
nahet sie zu dem Feuer. Das Feuer aber ist
das fürnehmste Element, giebet das Leben, und
durch seineWärme verursacht es die Wachsen.
Nun muß ich dir auch sagen, daß kein Element
ist, so nicht in das andere würcke, also, daß
eines würckend, das andere leidend sey: Als
das Feuer würcket in die Lufft, die Lufft in das
Wasser, das Wasser würcket in die Lufft und
Erde, wann das Feuer die Würckung erreget.
Die Erde ist eine Mutter und Ernährerin aller Dinge, alles, was unter dem Himmel in die
Fäulung gehen mag, und ihr die Wärme ohne
Unterlaß in ihren Bauch giebt, das ernähret
sie nach der Geburt. So viel Macht hat
mir GOtt gegeben, daß ich die vier Elemente wiederum zurück bringe in das
fünffte Wesen, welches man alsdann die
erste *Materie* nennet, so in einem jeden Element *generice* vermischet ist. Durch meine
Kunst

Kunst reducire ich, dahero Generationes ent￭
stehen, und seynd die Species oder Gestalten,
so herwieder gebracht werden, in der reducir￭
ten Massa begriffen.   Derowegen, da ihm ei￭
ner schon die Mühe nehmen, und sich eben
hart peinigen wolte, die Elementa also zu re￭
duciren, der wird sie gewißlich ohne mich in
primam Materiam nicht bringen : Dann, al￭
lein in mir ist die Macht, die Elemente und
ihre Gestalten zu transmutiren, wer anders da￭
von hält, der betreuget sich.   Dann, du wür￭
dest einer Substantz nimmermehr ihre eigene In￭
fluentz zueignen, noch die Elementa proportio￭
niren, oder in eine Formam, wie es die Ma￭
teria erfordert, zu geben wissen.   Ich nur
bin es, so die Creaturen *formiret*, und ih￭
nen Natur, Eigenschafft und *Materie* gie￭
bet.   Durch meine himmlische Geheimnissen
mache ich vollkommene Wercke, die nicht un￭
billig für Miracula gehalten werden, wie in
dem Elixire, von dem so viel herrlich gutes
fleust, zu sehen, dessen Tugenden und Qualitäten ich beschlossen habe: Auch ist keine Kunst
auf Erden, so da möge etwas vermehren, und
so fürtrefliche Wercke verrichten, als ich.
Mag derowegen ein jeder Verständiger dafür
halten, daß sich dergleichen Wercke und Wissen￭
schafften ohne Verständniß der himlischen Cör￭
per nicht zu Ende bringen, oder ohne ihre Krafft
vollziehen lassen : Alles andere ist Mißbrauch
und Irrthum.   Wer sich aber etwas dißfalls
unterstehen wolte, wo würde er seine Influentz
nehmen, solche Substantz zu geben ? Wie wür￭
de

be er die Elemente recht vermiſchen, und ſie
proportioniren mögen? Keinem iſt es möglich, wie Avicenna in ſeinem Buch de Viribus
Cordis 2. cap. bezeuget, wann er auch ſchon
langes Leben hätte, hierzu zu kommen. Dann
dieſes *Secretum* iſt allein mir, und ſonſten
keinem Menſchen gegeben: ich mache durch
meine Krafft das Unvollkommene vollkommen,
es ſey Metall oder menſchlicher Leib, ſo per-
ficire ich es, und machs geſund. Ich gebe
das Temperament, und vergleiche die vier
Elemente: widerwärtige Dinge vereinige ich,
daß ſie nicht mehr uneinig werden. Das iſt
die güldene Kette, die ich ringsweiſe mit
meinen himmliſchen Tugenden und *ſub-
ſtantialiſchen Formis* gezieret. Ich verrichte
meine Wercke ſo wohl, daß ſich in denſelben
alle meine Krafft an Tag giebet, und dieſelbe
ſo herrlich, als ſonſten ohne mich keinem Menſchen, er ſey ſo vernünfftig als er immer wolle, noch keiner Kunſt möglich iſt. So tritt
nun herfür, der du dich für Kunſtreich aus-
giebſt, und vermeyneſt nach meiner Wiſſen-
ſchafft durch Kohlenfeuer und Marienbad in
meinen Oefen das Aurum potabile zu machen:
wiſſe, daß ich mich über deinen Irrthümern
entſetze. Schämeſt du dich nicht, wann du
meine Wercke betrachteſt, und darneben dein
ſudleriſches Kochen in deinen angefärbten
Phiolen und Geſchirren dargegen hälteſt, dabey du Zeit und Unkoſten verliereſt? Ich
weiß nicht, was du gedenckeſt: erbarme
dich deiner ſelbſten, ich bitte dich, und
be-

betrachte mich. Verstehe nun recht, was
ich dir sage, dann ich dir in nichts lügen will.
Nimm in Acht, wie das herrliche Gold
seine schöne Gestalt genommen hat von
dem Himmel, und seine gute *Materie* von
der Erden: ingleichen thut auch ein Edel-
gestein, als Rubin, Demant. Als so viel
die Materiam anlanget, kömmet aus den vier
Elementen: so viel aber die Formam betrifft,
so informiret der Himmel die Qualität, welche allbereit in dem Element begriffen ist, dardurch die Forma in langer Zeit und durch die
Deputation edel wird : Solches geschicht alleine durch mich; ich bin die Werckmei-
sterin, und sonsten kein Mensch weiß den
Weg. Dann, wann der Klügling nicht wissen wird, wie er den Sachen thun, wie er
den Elementen Proportion geben, wie viel er
von Feuer, Lufft, Wasser und Erden, und wo
er sie nehmen, auch wie er widerwärtige Dinge, auf daß sie nicht mehr als die Substantzen
an sich ziehen, recht vermischen, und wie er
solchen Essentiis oder Wesen die Influentz geben solle: so wird er nicht nur allein kein Eisen oder Bley, sondern auch noch etwas ge-
ringers nicht machen können: wie soll er dann
Gold machen, wann er mir meinen Schatz
nicht abstielet? Es stehet nicht in seiner
Handgriffe oder Kunst Macht, sondern
er muß meine Kunst wissen, welche natürlich ist, und von Menschen-Händen
nicht gemacht werden kan. Ob nun wohl
das Gold von aller Welt für das herrlichste
gehal-

gehalten wird, und jederman seinen Schatz
darinnen suchet: so heilet es doch weder Kranckheit noch Unreinigkeit der Metalle, dann es
transmutiret keines zu feinem Golde, so kan
es auch das Glas nicht so weich machen, daß
es sich schmieden liesse, wie sonsten wohl der
Philosophen Stein thun mag. Es ist nur
allein unter den Metallen das beste und vollkommenste. Wann du derhalben nach meinem Exempel nicht kanst ein wenig Bley machen, oder kleine Körnlein, oder aus einem
Kraut eine Frucht, oder noch weniger ein Eisen, wie wilst du dann das, so herrlicher
ist, und daraus man Ducaten und Ro-
senobel müntzet, machen? Sagest du du
wollest kein Gold, sondern nur etwas Alchy-
misches machen: So antworte ich dir, daß
du noch thörichter seyest als zuvor. Hast du
nicht verstanden, daß ich gesagt habe, meine
Geheimniß sind dir abgeschlagen: dann was
die Natur würcken solle, das lässet sich
durch die Creatur nicht machen. Und das
noch mehr ist, so ich das Gold unter den sieben Metallen zu dem vollkommensten gemacht
habe, und du solches mein Werck nicht verstehest, wie darfst du dich dann unterstehen
zu machen das, so unvollkommenes perficiret,
und in das ich Krafft geleget habe zu transmutiren das gantze Wesen der Metallen in fein
Gold, welches ich für meinen liebsten Schatz
habe, den mir GOtt gegeben hat: wohl ungeschickt bist du, wann du dich nicht erkennest,
daß dieses höhe Gut, so du suchest, so viel die

Erklä-

Creatur anlanget, das hohe Geheimniß der
Natur ist, es sey gleich in Metallen, Steinen,
Kräutern oder Thieren, welches von himm=
lischer Tugend herkommt: dann es hei=
let den Menschen von allen Kranckheiten,
und nähret ihn: und es machet unvoll=
kommene Metalle *perfect*, durch seine gros=
se Krafft, die ich ihm aus meinem Schatz
nach meiner Weisheit gebe. Wann es
dann in sich selbsten so vollkommen ist, daß
seines gleichen nicht gefunden wird, so sage
mir nun, ob nicht nothwendig eine solche Scientz
von hoher Intelligentz herkomme: alldieweil
sonsten niemand Gold machen kan, und
dieses ein Schatz ist über alle Schätze:
es ist ein unwiederbringlicher Jrrthum.
Dann so du nicht zehen Pfund tragen kanst,
und willst doch hundert tragen, so wirst du
dich um das Leben bringen müssen. So wisse
nun hiemit dein Vorhaben.

Mein Sohn, alle meine Scientz, Krafft und
Wissenschafft, nehme ich gar schlecht und sim=
pliciter vom Himmel, und darzu das schlech=
te von den Elementen: dieses ist eine an=
fängliche Essentz, und das fünffte Wesen in
den Elementen, das ich mache durch die Redu=
ctiones, die Zeit und Circulationes, indeme ich
verkehre das Untere in das Obere, das kalt
und trockene in feuchtes und warmes, und er=
halte Stein und Metall in seiner natürlichen
Feuchtigkeit. Das geschiehet durch die
Bewegung der Himmel. Dann die Ele=
mente werden davon regieret, und sie ge=

horchen, durch eine Zusammentretung, dieser *Influentz*: Und je reiner meine Materie ist, je vornehmere Wercke ich durch die Himmel führe. Meynest du nun, daß du in deinem Ofen, darinnen du hast deine Erde und Wasser, und daß du durch dein Feuer und Hitze, durch deine weisse und rothe Farbe, ich nach deinem Wohlgefallen dich mit mir spielen lasse, zu deinem Begehren zu kommen? Vermeynest du die Himmel zu bewegen, und ihre Influentz deinem Schmierwerck einzugiessen? Hältest du dafür, daß es sey eine Orgel, und nicht mehr bedürffe, als mit Fingern darauf zu spielen? Du lässest dir Esel zu viel träumen. Weissest du dann nicht, daß in der Bewegung der Himmel ein grosser Verstand ist, der herunterwärts seine Intelligentz giebt, und durch seine Influentz allen Dingen das Wesen verleihet.

Ich bitte dich doch, du wollest erkennen, daß hohe Sachen von der Höhe kommen, von mir und von GOtt: Und halte nicht dafür, daß künstliche Handarbeit so perfect sey, als die natürliche: dann sie ist zu blos, und will mir gleich als ein Affe alles nachthun. Vermeynest du, daß dein distilliren und congeliren deiner Materien in deinem Geschirr, oder Wasser aus Oel ziehen, sey der rechte Weg mir nachzugehen. Nein, mein Sohn, du verirrest sehr: Dann wann du deine Zeit mit allerley Vermischen und Scheidungen der Elemente deines Oel-Wassers und Erden wirst zugebracht haben, so hast du dannoch noch nichts

nichts verrichtet: dann du irreſt. Wilt du
wiſſen, warum? Deine Materie würde nicht eine Stunde des Feuers Hitze erleiden mögen,
ſondern alles im Rauch hinweg gehen, oder
im Feuer verzehret werden. Aber die Materie,
darinnen ich arbeite, wird in aller Probe tüchtig erfunden, es ſey das Feuer ſo groß, als es
immer wolle: ja, ſie wird im Feuer noch ver-
beſſert. Das Waſſer kommt von einem
truckenen Stock, machet nicht naß, was
es berühret, es verfleugt auch nicht, ſo
fället es auch nicht zurück, und ſein Oel
iſt unverbrennlich : alſo vollkommen ſind
meine Elemente ; mit den deinen aber iſt es
nicht alſo beſchaffen : wiewohl es auch nicht
deines Amts iſt, mein Artificium zu führen.

Zum Beſchluß ſage ich dir, daß du durch
dein künſtlich Feuer die himmliſche Hitze nicht
kanſt eingieſſen : ſo wirſt du auch von deinem
Waſſer-Oel und Erden keine Materie zuwegen
bringen, die da könne eine Influentz empfangen, welche ihr eine rechte Subſtantz gebe. Es
iſt eine Gabe GOttes, gegeben aus den Himmeln den Elementen, je einem mehr als dem
andern, und wird behalten in einfältiger
ſchlechter Eſſentz, derer niemand, als ich,
eine Erkenntniß hat, als allein derjenige,
ſo mir vertrauet, und ein rechter Philoſophus
iſt. Mein Sohn, ich will dir noch ein wahres Wort ſagen, nehmlich, daß das gantze
Werck von einer eintzigen geringen, ſchlechten,
mit ihr ſelbſten vereinigten Materie, in einem
eintzigen wohl verſchloſſenen Geſchirre, und

eini-

einigem Ofen gemacht wird. Sie hat in ihr
alles, was sie zur Vollkommenheit bedarff,
und wird durch ein einiges Regiment des
Feuers ausgearbeitet. Betrachte nun die Gebährung des Menſchen und ſeine Vollkommenheit, auf den ich alle meine Weisheit, die
mir GOtt giebt, wenden thue: dann die
menſchliche Geſtalt wirſt du von einer
Materie nicht machen. Ich formire nur allein den Cörper alſo ſubtil, daß weder Plato
noch Ariſtoteles etwas weniges hievon gewuſt
haben. Ich mache die Beine hart, und die
Zähne zum Käuen, die Leber und das Fleiſch
weich, die Nerven kalt, das Hirn feuchte,
das Hertz, darein GOtt das Leben giebt,
warm, alle Adern fülle ich mit rothem Blut.
Auf daß ich alles kurtz melde, von einem einigen Argento vivo, und würckendem männli-
chen Schwefel, mache ich ein einiges mütter-
liches Geſchirr, deſſen Bauch der Ofen iſt.
Wahr iſt es, daß mir der Menſch durch ſeine Kunſt ſehr hilffet, wann er durch äufferli-
che Hitze in die Matricem oder Mutter die
Materie eingeuſt: etwas mehrers aber kan er
darbey nicht thun. Alſo iſt es nun um dein
Werck beſchaffen: dann wer die rechte Materie zu erwehlen weiß, dieſelbe auch in wohl
verſchloſſenem Gefäß wohl zu præpariren, und
alles in ſeinem Ofen wohl zu beſchicken, der
darff das Werck nicht lang mehr verziehen.
Dann du und ich müſſen es *perficiren*,
indem du das Feuer giebſt, wie es die
Philoſophia erfordert. Dann wiſſe für gewiß,

daß

daß daran alles lieget: darum must du allhier
wohl zusehen. Gedencke auf das Feuer, so
man nennet Epfesin, Peplin, Pepansin und
Aptesin, auch natürlich, widernatürlich, und
unnatürlich Feuer, und das nicht brennet;
Item, auf warm und trucken, feucht und kalt
Feuer, und mache es recht. Ohne die rechte
Materiam und eigenes Feuer wirst du nimmermehr zur Sache kommen. Die Materie geb
ich dir: die Formam must du in die Ordnung
setzen; und rede dir allhier nicht von substan-
tialischer oder accidentalischer Forma, sondern
von rechter Gestalt oder Grösse deines Gefäß,
und daß du deinen Ofen recht machest. Hand-
le vernünfftig, und führe das Werck Natur-
gemäß künstlich. Hilff mir, so will ich dir
helffen: wie du mir thust so will ich thun;
gleichwie ich andern meinen Söhnen gethan habe, die ich mit Begnügung beloh-
net, aus Ursachen, daß sie ohne Tadel Vater und Mutter gefolget, und meinen Ge-
boten gehorchet. Inmassen du sehen kanst
in dem Romant Joannis de Meung, welcher
mich adprobiret, und die Sophisten reprobi-
ret: also thut auch Villanovanus, und Rey-
mundus, Morienus Romanus, Hermes, den
man einen Vater nennet, und welchem kein
anderer gleichet; Item, Geber und andere,
so von dieser Scientz geschrieben, und daß die
Kunst wahrhafftig sey, im Werck erfunden
haben. Wann du nun, mein Sohn, das
Werck angreiffen wilt, so ist dir so gar grosser Verlag darzu nicht vonnöthen. Es ist ge-

nug,

nug, daß du freyen ledigen Gemüths, und an
einem ſichern Orte ſeyeſt. Da niemand von deiner Arbeit wiſſe. Bereite wohl deine eigene
Materie zu einem Pulver, im einzigen Gefäß,
ſammt ihrem Waſſer wohl beſchloſſen, und
regiere ſie mit ſanffter Hitze, welche die Würckung thun wird; die Kälte aber giebt Putrefaction : dann wegen groſſer Kälte kan die
Trockenheit dem Würckenden alſo nicht widerſtehen, daß das Argentum vivum, durch
ordentliche Commixtion und Connexion, nicht ,
werde ein gleichfömiges homogeniſches Subjectum, ſo in die erſte Materie reduciret gehe.

Es ſey nun deine eigentliche Intention, deiner Mutter, der Natur, nachzufolgen, darbey dich die Ratien erhalten, und die Philoſophia deine Führerin ſeyn kan. Wann du ihm
alſo thuſt, ſo will ich dich vergewiſſern, daß
du die Materie bekommen, und zu rechtem
Ende gelangen wirſt. Sie geſtehet nicht viel:
ſiehe nur, daß du meine Anfänge recht
treffeſt. Nimm in Acht, wie ich arbeite:
mercke, was Ariſtoteles in 3. & 4. Meteororum
ſagt: lernet die Phyſicam, und lieſe das Buch
de Generatione & Corruptione; Item, de Cœlo & Mundo , darinnen du die Materie ſchön
und rein finden wirſt. Dann wo du dieſe
nicht erkenneſt, wirſt du gewißlich alle Zeit
verliehren. Beſiehe deßwegen den Albertum
Magnum de Mineralibus, welcher dieſes Werck
gemacht hat. Wann dir nun die Augen aufgethan ſeyn, ſo wirſt du in den Mineris meine

Ge-

Geheimniſſe finden, und ſehen, daß alle Steine
aus den Elementen wachſen.

Lerne mich zuvor erkennen, ehe daß du dich
einen Meiſter nenneſt. Folge mir nach, die
ich eine Mutter bin aller Creaturen, die
da ſeyn, und eine Eſſentz haben, die ohne den
Himmel und die Elementativam nicht wachſen,
noch eine empfindliche Seele erlangen mögen.
Dergleichen Sachen zu erkennen lernen, muſt
du fleißig in der Philoſophia ſtudiren, wachen
und arbeiten. Wann du nun durch Uebung
ſo viel lerneſt, daß du der Himmel Tugend
und groſſe Würckungen erkenneſt, auch der
Elementen Paſſiones weiſt, und warum ſie
ſolche Würckungen empfangen, welches die
Mittel der Verkehrung ſind; auch was des
Faulens, Gebährens und Ernährens Urſach
ſey, und was der Elementen Eſſentz und Subſtantz: ſo wirſt du der Kunſt Erkenntniß haben. Wiewohl es ſonſten genug iſt, einen
ſcharfſinnigen Verſtand zur Betrachtung
meiner Wercke zu haben. Dieſe Gabe GOttes aber haben nicht alle Weiſe von ihrer Wiſ-
ſenſchafft und eigenen Vernunfft gehabt: ſondern die Guthertzigen, ſo mir mit Vernunfft
nachgefolget, haben ſie nach langer Zeit,
die ich verordne, und nach lang getrage-
ner Gedult erlanget. Thue derohalben,
wie ich dir ſage, wann du dieſen Schatz bekommen wilt, welchen auch die wahren Phyſici und alten Philoſophi gehabt haben. Es
iſt ein Schatz von ſolcher Tugend und Hoheit,
dergleichen kein Menſch, zwiſchen Himmel

und Erden, durch Kunſt erlangen mag. Es
iſt ein Mittel-Ding zwiſchen dem Mercurio
und Metallo, welches ich nehme, daraus durch
deine Kunſt und meine Weisheit ein ſolches
herrliches Weſen gefertiget wird. Es iſt das
feine und potabiliſche Gold, und wurtzelhaff-
tige Feuchtigkeit: es iſt die höchſte Medicina,
wie Salomon ſie beſchreibt, Eccl. c. 38. GOtt
hat ſie geſchaffen: von der Erden wird ſie genommen: und der weiſe Mann verachtet ſie
nicht. GOtt hat ſie geſetzet unter meine Ge-
heimniſſen, und giebt ſie den Weiſen und
Verſtändigen. Wiewohl ſie viel Oratores,
und die ſich in Theologia und Philoſophia
groſſe Doctores zu ſeyn achten, gantz und gar
verlachen. Ingleichen verachten und be ſpot-
ten die Medici die Alchymiam. Aber ſie erkennen mich nicht, haben auch von der Kunſt
nichts erfahren, wie Avicenna und Villanovanus, und viel andere groſſe Phyſici und bewährte alte Medici. Es verſpottet ſie derowegen nur der Unweiſe, welcher den Weg
der rechten Medicorum nie geſpühret hat.
Dann die Spötter haben nicht Hirns genug, eine ſolche Wurtzel und edle Medicin
zu erkennen, welche alle Kranckheiten heilet. Glückſeelig iſt der Menſch, welchem
GOtt die Zeit und das Leben giebt, zu dieſem hohen Weſen zu kommen, unangeſehen,
daß er möge alt ſeyn. Dann Geber ſagt,
wiewohl die Philoſophi, ſo es gehabt, alt geweſen ſeynd, ſo haben ſie ſich doch in ihren
alten Tagen darmit beluſtiget. Wer ſolchen
hat,

hat, der befizet alle Güter und grossen
Reichthum. Von einer Unze, ja einem
Gran, kan er stetig reich und gesund seyn.
Doch muß endlich die Creatur sterben, und
sich an GOtt und der Natur begnügen. Es
ist eine Hertzens-Stärcke, und mehr dann güldene Tinctur. Es ist das Elixir, das Wasser des Lebens, in welchem alle Wercke und
Dinge beschlossen. Es ist das Argentum vivum, Sulphur, und in meinem Schatz verborgene Gold: das unverbrennliche Oel : das
weise, beständige und süßige Saltz: der Stein
der Philosophen, welcher in keinerley Wege,
als durch natürliche Kunst und menschliche Wissenschafft, so hierin Hülffe thut,
mag gefunden werden. Ich sage dir nun
frey heraus, daß du Laborant ohne mich das
Werck nicht vollführen kanst, und daß ich ohne dich, meinem Diener, darinnen nichts verrichten mag: durch mich aber und dich wirst
du das Werck in schlechter Zeit erlangen.

Verlasse die Sophisten und ihre betriegeri-
sche Wercke: laß seyn ihre unterschiedliche viele
Oefen und Geschirre: laß ihren Roßmist und
Kohlen-Feuer, so durchaus nichts nützen: laß
stehen die Metalle und anderes: verän-
dere vielmehr die Elemente in eine ver-
änderliche Gestalt, welche der Philosophen
herrlichste Materia ist, so die Unwissende
verwerffen. Sie ist nach der Substantz dem
Golde gleich, nach der Essentz aber ungleich.
Verkehre die Elemente, so wirst du finden,
was du suchest. Ich meyne, daß du das Un-

R 5

terste

terste sublimiren, und das Oberste zum Untersten machen sollest. So nimm nun Argentum vivum, so mit seinem würckenden Schwefel vermischt ist, thue es alles in ein einiges wohlverschlossenes Geschirr, in einen einigen Ofen, der zu dem dritten Theil inhumiret sey: setz es über das Feuer der Philosophen, und bewahre es, daß es nicht rauchend werde. Thue ihm also, und vertraue: verlasse derohalben, bitte ich dich, mein Sohn, alle andere Species, und nimm nicht die Materie, darvon sich die Mineren anfangen. Mehr sage ich dir nicht: sondern ich schwöre dir wahrhafftig, daß du mir, der Natur, nachfolgen must.

Gegen-Antwort des Alchymisten, die er der Natur, neben
Erkennung seiner Fehl, mit Abbittung und Dancksagung thut.

Eine liebe Mutter, Natura, und nach den Engeln die von GOtt vollkommenste erschaffene Creatur, ich gebe euch nun die Ehre und den Ruhm, dann ich erkenne und bekenne, daß ihr eine Mutter und Regiererin seyd der grossen Welt, so für den Menschen, die kleine Welt, erschaffen ist. Ihr seyd hoch gesetzt in das primum mobile, auf daß ihr mit euren Händen herumwaltzet, und mit den Füssen herümben transmutiret die
Ele-

Elemente, und solches, es geschehe in Liebe
oder Widerwärtigkeit, bis in das Innerste
der Erden: Welches alles ihr thut, auf Befehl eures Herrens: die ihr ohne Aufhören
generiret, und so hohe Würckungen verrichtet, durch eure hohe Intelligentias und unzer-
störliche Substantzen der Himmel, Sternen
und Planeten: daher so reine Ding formiret
werden, daß ihr billig durch und durch
für eine Mutter und Meisterin auszuruf-
fen und zu lieben seyd. Ich bekenne, daß
nichts lebendiges ohne Seele lebet, und daß
dasjenige, so da ist, und eine Essentz hat, von
euch und eurer Krafft, vermöge von GOtt
empfangener Gewalt und Ordnung, herkom-
met. Ich erkenne, daß ihr die gantze
Massam regieret, und die *Materie* der Elemente alle unter eurem Befehl führet:
dann von ihnen nehmet ihr die erste *Materie*, und aus den Himmeln die *Formam*:
wiewohl diese *Materie* anfänglich ungleich
unter einander vermenget ist, bis daß sie
qualificiret und von euch *specificiret* wird:
alsdann nimmet sie *substantialische*, und hernach auch sichtbarliche *accidentalische* Formam
an. Ihr seyd so weise, daß ihr alle eure Wercke, durch himmlische Krafft, und eure hoch-
würckliche *Formas*, so vollkommen und in so
guter Ordnung verrichtet, daß sie kein Mensch
tödten kan. Ich sehe, daß GOtt euch also
begabet, daß er euch alles, was Menschen be-
dürffen, unter eure Hände gegeben hat. Vier
Gradus hat Er durch euch werden lassen:
unter

unter welchen der erste nur allein das *Eſſe*
und Weſen hat, als da ſeyn die Geſteine
und Metalle: der andere ſeynd die *Vege-*
tabilia, die da haben das Weſen und
Wachſen: der dritte hat die Empfindlichkeit, als wilde Thiere, Vögel und Fiſche,
welche alſo dreyerley Art ſeyn: der vierte iſt
der edelſte und unter den andern der vollkommenſte,als es dann GOtt gefallen hat:
in welchem der Menſch ſtehet, indem die andern drey Gradus vollzogen werden: mehr aber,
als ihr, hat GOtt damahls gewürcket, da Er
dem Menſchen die unſterbliche Seele, mit
Vernunfft gezieret, ohne Dimenſion gegeben,
die da nicht unterworffen iſt den Paſſionibus
unſers in gewiſſe Muaß geſetzten Leibes: ſondern hat die Empfindlichkeit und Senſualitatem
zum Böſen und der Sünde treten laſſen, durch
den Leib, welcher mit unordentlicher Wolluſt
behafftet iſt. Dahero die Verdammniß er-
folget, wo Gnade, die von GOtt kommet, und fürnehmlich um dieſer ewigen
Seele,und nicht eben des Leibes willen, wi-
derfähret, nicht erlanget wird. Derhalben
kommet die groſſe Perfection des Menſchen
nicht von euch her: ſondern wie ihr geſagt habt,
unangeſehen ihr die Menſchheit nicht gebet,
ſo leget doch in dem menſchlichen Gefäß niemand darzu die Hand an, als ihr, welches
die vollkommenſte Eſſentz thut eures Wercks
und groſſer Krafft. Es iſt ſehr zu verwundern,
wann man recht betrachtet, wie unſer Leib
getheilet, und mit Gliedmaſſen verſehen iſt:

der-

dergestalt, daß durch ein Objectum oder Ge-
genwurff der Wille also bereit ist, daß er mag,
wann er will, ein jedes Glied bewegen: wiewohl der Wille nicht von euch oder eurem Zuthun ist: jedoch ist es ein grösses Wunder,
daß der Leib als ein Subjectum um der Seelen willen sich bemühet: und also muß es seyn;
aber er wird offt hierinnen Meister, nicht um
seiner Würdigkeit, sondern der Sünden willen, dardurch die Seele verletzet wird. Erfreuet euch derowegen nicht so sehr über
die Vollkommenheit und schöne Zierde
des Menschen, der einer so edlen Form,
als die Seele ist, zu widerstreben, und
wider die Vernunfft so vielfältig ändert:
Seyd bekümmert allein um eure Wercke, und
nicht um unsere Mängel und Laster: Dann
habt ihr nie vermeynet, euer Werck wohl angefangen und vollendet zu haben, da es doch im
Ende sich nicht anderst, als eine Mißgeburt, erfunden? Ist solches ein Mangel eures Ver-
standes und Weisheit, oder habt ihr nicht anders gekönnt? Ich bitte, ihr wollet mir verzeihen, wann ich über eure Scientz zu hart rede. Dann ich euch nicht zu tödten gedencke,
sondern allein des harten Erinnerns, so ihr
über meiner Unwissenheit gethan, empfinde.
Es gehet keine Stunde fürüber, daß ich nicht
an das hohe Ding gedächte, dessen ihr mich
berichtet, und solches je mehr und mehr, wann
ich betrachte, was für hohe Sachen ihr mir
erkläret, und darbey meine Irrthümer entdecket habe. Ich liege, gehe oder stehe, so ist
mir

mir solches für Augen: in Summa, ich kan
nicht alles gedencken, was für eine Materie
und Form ich Anfangs nehmen müsse. Ihr
habt mich hart gescholten, daß ich nicht eurem
Weg nachfolge, und wisset doch wohl, daß
mein Verstand hierzu nicht genugsam ist.
Dann ich kan in dieser Kunst nicht anders als
euch zuwider handeln, wofern ihr mir nicht,
Krafft eurer Wissenschafft, Hülffe thut. Ihr
sagt zwar recht, daß eure Geheimnissen und
hohe Wercke dem Menschen zu wissen nicht
gegeben seyn: wie werde ich in solcher Lust fort-
kommen und mich selbsten leiten können, wofern ihr mir nicht helffet? Ich solle, saget
ihr, euch nachfolgen, und ich begehre es
zu thun: saget mir aber, durch was für Mittel und Bücher? Eines sagt, nimm diß und
das, das andere sagt, lasse es: ihre Wort sind
unterschiedlich verdrehet, und in parabolische
Sentenz gesetzt. Letzlich sehe ich, daß ich
daraus nichts lernen kan. Derowegen
habe ich zu euch Zuflucht, und bitte euch, mir
zu rathen und zu helffen, was ich in diesem
wichtigen Werck thun solle. Ich frage und
bitte euch, von Grund meines Hertzens, mir
bey eurem Gewissen zu sagen, wie es möglich
sey, in die Tieffe der Erden zu kommen, und
durch subtilen Fleiß den perfecten Mercurium
der Metallen zu suchen: wer nun diesen oder
zum wenigsten nur des Goldes Mercurium gefunden hätte, der möchte ihn wohl als einen
Schatz behalten: ich zweifele aber, wann ihn
schon einer hätte, ob er ein Metall daraus
machen

machen könne : dann ich glaube nicht, daß
ein Mensch so vernünfftig und Kunstreich
sey Gold zu machen; es ist allein euer Werck,
wie es die Erfahrung giebt, und ihr solches,
als ihr von des Menschen Gebährung geredet,
erwiesen. Wir sehen wohl, daß der kalte und
feuchte Mercurius sein Sulphur zur Hülffe begehre : das ist, ein gleichförmiger Examen
oder Sperma homogeneum, von denne die Creatur nach vollendeter Arbeit entstehet. Wann
ich es alles erwege, so befinde ich, daß ihr nehmet die eigene Materie, eigenes Gefäß, eigene
Mineram, eigene Ort, und eigenes Feuer,
zu geben die Form, Gestalt und Farbe, das
Leben, und das Wachsen, dessen jedes Ding
erfüllet ist. Ihr kennet, als eine Werckmeiste-
rin, die Würdigkeit der Materie, dann das
Würckende nimmt keine Würckung an sich,
als allein im disponirten Leidenden. Ihr
wisset subtil zu vermischen das warme und kalte, das trockene und feuchte, und des widerwärtigen Qualität anzuziehen, die ihr verändert die erste Form, auf daß die Materie eine
neue Form annehme : dann das Objectum
ist nach der Krafft und Potentia ein Subjectum,
welches die Substantz stetigs in Actu und der
Würckung erhält, so zuvor nur in Potentia gewesen. Ich habe euch wohl hören von der
Sachen reden, wann ich nur eure Meynung recht erzehlen, und nach eurer Krafft
eigentlich darvon reden könnte. Dann ich
habe verstanden, daß ihr gesagt habt, wie sich
das Elixir von den vier Elementen anfange,

und

und widerwärtige Dinge sich vereinigen: und
daß man die Elemente verkehren müsse. Welches gewißlich keines Menschen Hand-Arbeit
ist. Dann wer will wissen, wie die irrdische *Qualität* ihr Wesen nehme mit der
Lufft, auch mit der Kälte übereinstimme,
und sich in Feuchtigkeit, das ist, in sein
Widerwärtiges verkehre: dann die Feuchtigkeit will von dem kalten und feuch-
ten Element nicht weichen, wiewohl sie
von dem Feuer, so alle *Composita* verbessert,
mehrer Hülffe hat. So ist auch dieses
ein natürlich Werck, daß es sich schwartz,
weiß und roth macht, welche drey sichtbarliche Farben, mit drey Elementen,
dem Feuer, Wasser und Erden, einstim-
men, und die Lufft weiß diese zu durch-
suchen.

Darnach sagt ihr auch, daß dieses Werck
gemacht werde von einem einigen Ding, in
einem einzigen Gefäß, von einer Substantz,
dann vier geben nur eine Essentz: darinnen eines ist, so in Effectu das Werck anfänget und
vollendet: nichts mangelt ihm als eine kleine
Wärme, so der Mensch administriret, und
dardurch vermittelst eurer Weisheit und Kunst
herfür locket, was vonnöthen ist: so ist alles
das, so man bedarff, in dieser Materie in ge-
nugsamer Vollkommenheit zum Anfang, Mi-
tel und Ende. Gleich verhält es sich darmit,
als mit einem Menschen, Pferd, Korn oder
Obst. Dann im menschlichen Saamen ist
menschliche Gestalt begriffen, als Bein, Fleisch,
Blut,

Blut, Haar, ꝛc. Alſo auch in jedem Saa=
men ſein Gleiches und Geſtalt. Von dem
Menſchen kommet der Menſch, die Frucht
von der Frucht, ein Thier vom Thier: welche
Ordnung in der gantzen runden Welt iſt, und
von GOttes Weisheit, der es alſo haben will,
und euch Gewalt darüber gegeben hat, her=
fleuſt. Nun ich weiß, daß, wann der Saa=
men in dem weiblichen Gefäß verſchloſ=
ſen, und ſolches nicht mehr eröffnet wird,
es keiner menſchlichen Mühe mehr, weder
kleines noch groſſes, Zuthuns oder Hin=
wegnehmens bedarff; es bedarff keines
eröffnens, beſchlieſſens oder berührens:
dann es iſt alles, ſo zur *Perfection* vonnö=
then, darinnen. Gleichmäßig, ſprecht ihr,
verhalte es ſich mit dem Stein der Philoſo=
phen, daß man nicht mehr als einer einigen
zu Staub gemachten Materie bedörffe, welche
in ſich habe Lufft und Waſſer und die Hitze,
und alles, ſo zu Vollendung dieſes Wercks
vonnöthen; auch ſey es unnöthig es anzugreif=
fen, als allein ein klein Feuer hinzu zu thun,
die innerliche Wärme zu erwecken, gleichwie
ein Kind in Mutterleib in natürlicher Wärme
liegt. Ferner gebt ihr auch zu verſtehen, daß
dieſe Materie ihre Perfection in ſich habe; allein
daß ſie ihre Würckung ohne menſchliche Kunſt
und Hülffe herfür geben möge. Dieſer Kunſt
Hülffe verſtehe ich von philoſophiſcher
Scientz und Fürſichtigkeit, als durch Hand=
griffe die *Materie* zu *præpariren*, das über=
flüßige darvon zu ſcheiden, dieſe alsdann

L   com-

componirte schlechte Erde, so mit ihrem Was=
ser eins worden ist, in das Glas oder Gefäß
wohl zu verschliessen, und in den gehörigen
Ofen gelinder Wärme zu setzen. Dieses hal=
te ich für das gantze Artificium: und et=
was anders kan der Mensch nicht darbey thun,
er sage, was er wolle. Wann ihr anfanget
zu würcken, und daß ihr in ein Staubwesen
gegangen seyd, so dissolviret ihr nach verrich=
teter Præparation, und machet das trockene
wässerig, solches führet ihr durch die Sublima=
tion bis in die Lufft mit grossem Verstand,
und machet endlich gantz alleine das, so an=
dere unvollkommene Dinge perficiret. Dar=
um seyd ihr, *Natura*, die erste Gebährerin,
wann ihr die vier Elemente zusammen in
eine *Essentz* vermischet, dessen kein Mensch,
als ihr, Erkenntniß haben kan. Also habe
ich es verstanden, und verhoffe, wann es
GOtt und euch gefällig ist, solches zu seiner
Zeit zu sehen.

Ich lasse anjetzt die Terminos der Zeit be=
wenden, und verbleibe darbey, wie man die
Materie haben, und wie herrlich und gut sie
sey, auch was grosse Tugend in Perficirung
der imperfecten Dinge sie gebe, recht verste=
hen und wissen könne.

Daß nun das Gold das beste sey unter den
Mineralibus, das ist mir bewust, doch hat es
weder an der Forma noch Materia eine Krafft,
seine Perfection zu überschreiten: Dann es
hat keine so grosse Würckung, daß es etwas
mehrers als sich selbsten perficiren könne, was
auch

auch der Mensch für Kunst darbey anwendet.
Und wann einer sagen wolte, daß man es
müste auffschließen, und in Argentum vivum
bringen, so thät er wie ein Thor und Unwei-
ser : dieweil er nicht mehr aus dem Gold haben kan, als darinnen ist.   Was will nun
der Mensch darinnen suchen, als zum wenigsten allein das, so darinnen ist, wann mehr
darinnen nicht zu finden : Es ist vergebliches
Wesen.   Nichts destoweniger, auf daß
die Thoren ihre Fantasey an den Tag geben, so sagen sie, daß durch ihre Kunst
der Leib zurück in die erste Materie gebracht werden müsse : aber ich weiß aus
eurer Unterrichtung wohl, daß die Reduction nicht geschiehet durch Sachen, die
zu einer gewissen Gestalt, specie oder indivi-
duo nicht zuvorn corrumpiret wird.   Und
dannoch geschiehet nach solcher Corruption
keine Generation einer gleichen Gestalt, wofern die Species in ihr Genus zuvorn nicht zurück kommt.   Und saget noch mehrers, daß das
destruiren der Weg nicht sey Gold zu machen:
dann wird es einmal aus seiner Gestalt recht
gebracht, so kan es der Mensch nicht mehr
darein bringen ; es müste auch noch mit sub-
tiler Kunst zugehen; wann man es zu einem
rechtschaffenen Pulver machen solte.   Wer
ihm aber fürsetzet, es also zu dissolviren, daß
er sein Compositum oder Corpus in die erste
Mixtion, die ihr von den Elementen gemacht,
scheiden wolte, der wird es nimmermehr . er
sage auch was er wolle, dahin bringen. Dann

es

es leidet Hitz und Frost, und wird im Feuer
je länger je feiner: also perfect ist es in seiner
Natur. Es ist eine nahende Creatur der
Elementen , so keinen Saamen oder Korn
hat , dadurch eine Reduction nach der Fäulung geschehe, wieder zu kommen in seine vorige Gestalt : dann seine Materie ist zu dicht ;
es ist todt, und der Tod ist sein Esse oder Wesen, darum kan aus ihm kein ander Metall
oder Argumentum vivum wachsen : Darum
kan man in gemein nicht sagen , daß ein
jedes Ding seines gleichen gebähre. Dann
solches, ausserhalb der Vegetabilien und em-
pfindlicher Dingen, so viel es die Mineralia betrifft, ist übel geredt : dann jene empfangen
Nahrung und Leben , besaamen und bepflan-
tzen sich ; diese aber empfinden nichts , und
sind eben so groß im ersten, als in dem letzten
Jahr. Aus und von den Elementen nehmen
sie, durch euch, ihr Wesen in der Erden, welches ohne säen, pflantzen und bauen zugehet.
Ich weiß aus eurer Lehre, daß man der alten
Philosophen Dictis auf practicantische Weise
nicht nachgehen, sondern sich allein der wahren und wesentlichen Theoria oder nachstim-
menden practicirens halten solle, in der die
wesentliche Natur ist : dann hierinnen bestehet
alle Essentz , Materie und Substantz. Ich bin
nun eingedenck, was mir ein sophistischer Ver-
führer, den man für einen grossen Philosophum
hielte, einsmals sagte. Daß man für die rechte
Materie nichts anders nehmen dürffte, als rein
Quecksilber, gantz rohe, und daßelbe fleißig mit
dem

dem Gold vermischen: dann von zweyen wohl
zusammengefügten würde ein herrliches, und
machete eines das andere in der Zusammen-
fügung vollkommen; wann ich ihme, sagte er,
also thäte, würde ich das Elixir erlangen.
Zuforderst aber müste man die vier vermischte
Elemente von einander scheiden, und ein jedes
sonderbar reinigen, sie darnach wiederum zusammen fügen, das grosse mit dem kleinen
einigen, und das subtile in das grobe bringen, und also würde der Philosophen Stein
gemacht. Aber ich weiß nunmehr, daß diese
Fantasien Betrügerey seyen, daß es solchen Leuten am Verstand mangelt, und daß sie sich
selbsten und andere darmit betriegen; sie seyen
gleich Philosophi oder Medici, so verstehen sie
hierinnen nichts. Mir ist wohl ingedenck,
daß ihr gesagt habt, daß es GOtt allein, als
dem Höchsten, zustehet, aus den Elementen
etwas zu erschaffen: dann er hat die Natur
herfürgebracht. Er weiß nach der Quantität
die Elemente zu vermischen, und die Qualität
recht zu proportioniren, die Elemente recht zusammen zu vereinigen und vermischen, wie es
ihme gut bedüncket. Da ist kein Mensch, der
solches zu thun oder zu verneinen vermögte.
Dann er ist allein der Erschaffer, und alles Guten Herfürbringer, in der Welt ist
kein Ding, so ohne Ihn gemacht wäre.

Derohalben wollen alle ruhmredige alchymische Sophisten stillschweigen, und nicht
verhoffen zu sammlen, da sie nichts säen: die
durch ihre falsche Calcinationes, Sublimationes,

Distil-

Diſtillationes, die Spiritus im Rauch wegja-
gen, und durch ihre ſophiſtiſche Coagulationes
und Congelationes den gemeinen Mann bereden, ja auch bey denen, ſo das Werck gemacht,
fürgeben, daß des Queckſilbers und Goldes
Elemente rechtſchaffen geſcheden ſeyn : Welches doch alles im Ende nichts iſt. Dann es
iſt wahr, daß alle Dinge unter dem Himmel
von den vier Elementen gemacht ſeyn, und
rechte Quantität haben, auch nach ihrer Art
durch die Natur in rechte Proportion vermiſchet ſeyn : doch nicht, daß ſie alle eigentlich
ſolten vereiniget, ſondern in Tugend unterſchieden ſeyn, inſonderheit aber des philoſophiſchen Steins Materia.

Ich verſtehe hiemit, daß in dem rothen Argento vivo und perfecten Leib, ſo man die
Sonne nennet, ſind vier Elemente, und ein
jedes mit dem andern unterſchiedentlich vereiniget und durch ſonderbahre Mittel vermiſchet,
daß ſie durch menſchliche Kunſt nicht ſepari-
ret werden können. Dann alle alte wahre
Philoſophi haben geſchrieben, daß das Feuer
und die Lüfft im Waſſer und Erden einge-
ſchloſſen ſind, darinnen ſie ihre Tugend erzeigen, und unſcheidentlich heftig ſtreiten : niemand dann GOtt, und ihr, die Natura, mag
ſie dieſes Bandes entlöſen. Warhaftig mag
ich ſolches ſagen, und philoſophiſch erweiſen.
Dann das Feuer iſt uns unſichtbarlich,
und die Lufft unbegreifflich. Und wer da
ſagt, daß man ein jedes ſonderlich ſehen
könne, der iſt ein Betrüger : dann aus un-
wider-

widersprechlichen Gründen seynd die Elemente unscheidentlich. Wiewohl die Sophisten fürgeben und vergewissern wollen, daß sie das Gold und Queckfilber in die vier Elemente scheiden, so sind sie doch Lügner. Dann so das Element, Feuer und Lufft, also geschieden würde, müste jedes verschwinden. Sie sagen wohl, daß sie solche behalten, wissen aber nicht, wohin sie kommen: sintemahl weder Lufft noch Feuer gesehen oder vernommen werden können. Wann sie auch schon, ihrem Fürgeben nach, solche ausgezogen haben, so machen sie doch dasjenige, so sie berühren, nur naß, welches weder der Lufft noch des Feuers Eigenschafft ist.

Ferner, wie ihr, Natura, gesagt habt, und ich in Schrifften finde, so ist niemand, er sey ein so grosser Doctor als er wolle, der wissen könne, wie viel in einem jeden natürlichen Dinge von jedem Element billig seyn möge. Dann GOtt hat es euch allein gegeben. Und ist kein Philosophus so weise, der da wüste die Elemente zu componiren und zu vermischen, wie viel zu einem natürlichen Ding, es sey spiritualisch oder corporalisch, von jedem Elemente nothwendig wäre zu ordnen. Wann er nun sich vermisset, solche zu separiren, wie will er sie wiederum zusammen bringen, ein vereiniget Compositum und wahres Subjectum wiederum zu machen: demnach er die Quantität und Qualität der Elementen, auch die Weise der rechten Vereinigung nicht weiß. Es muß derohalben nicht von einander geschieden wer-

L 4

werden, wann man es nicht weiß wieder=
um zusammen zu setzen. Man muß euch,
Natura, machen lassen, die ihr die Kunst verste=
het wohl zu disponiren, den Stein der Philoso=
phen zu componiren, und rechte Vermischung
der Elemente ohne Scheidung zu machen.
Ihr habt mir genug gesagt, daß die Scheidung
der Elemente und ihre Wiederzusammenfü=
gung nicht vonnöthen ist, sintemahl keine
solche Kunst zu erlangen, und es nur ein
von GOtt euch gegebenes und verordne=
tes Geheimniß ist. Ohne Zweifel aber wird
der Stein oder Elixir allein von euch gemacht
ohne Scheidung der Elemente, jedoch nicht
ohne euer Instrument, noch ohne Hülfe eines
Weisen und des Wercks verständigen Men=
schen. Es sagt Aristoteles, wo der Physicus
oder Naturkündiger aufhöre, da fange der
Medicus an. Derohalben fängt auch die Al=
chymia an, wann sie der Natur und ihrer
Scientz nachgehet. Welches ein jeder Philo=
sophus und Medicus in Acht nehmen soll.
Dann so man die Kunst Alchymiam recht
führet, so wird sie die Natur hervor brin=
gen. Und auf daß man allhie nicht fehle, so
ist alles dasjenige, was die Natur gebiehret
und herfürbringet, eine in die Alchymiam ge=
hörige Materie, inmassen ihr, Natura, der
ich mit Leib und Leben zu dienen begehre, bes=
ser wisset, als ich. Es ist auch zu wissen, daß
die Alchymia drey Dinge verrichtet: Eins,
daß sie ein Metall vollkommen und leben=
dig machet, und seinen Geist dauet oder

digeri-

digeriret, und wird daran nichts verloh
ren, wie dann ſolches die Erfahrung leh
ret. Zum andern, kochet und *digeriret*
ſie die *Materie* in kleinem Gefäß alſo, daß
ſie, ohne Zuthuung einigen andern Dings,
den Leib und Geiſt in eines verkehret.
Derowegen ſolle man von neuem nichts dazu
thun. Auch geſchiehet keine *Mixtion*, wann
nicht die Anfänge der Natur ſolche *adminiſtri-*
ren und verſchaffen: dann was ſie hierzu ge
bähret und uns hinterläßt, das nimmt die
Kunſt zum Werck. Zum dritten *probiret*
ſie, daß *realiter* und würcklich keine *Separa-*
tion der vier Elementen geſchehe in dem
Argento vivo und *Sole*, ſo man das hohe ro
the Gold nennet, den Stein zu machen.
Dann ſolches zu gedencken iſt ein groſſer Irr
thum, der edlen *Alchymiæ* und gründlichen
Philoſophiæ gantz zuwider.

Es iſt gewiß und wahr, daß jedes elemen
tiſche Ding aus den Elementen *alimentiret* und
geſpeiſet wird. Wann ſie nun wohl *diſponi-*
ret und in ein *Subjectum componiret*, wie es
die Natur herfürgegeben hat, wann man ſie
alsdann ſcheidet, ſo iſt daſſelbige *Subjectum*
corrumpiret und verderbt, und ſein herrliches
Band, ſo die Elemente zuſammengehalten,
zerriſſen, und iſt da keine Vermiſchung mehr,
ſondern es wird das von den vier Elementen
zu etwas gemachte Ding durch das *Separiren*
zu nichts gemacht. Soll ein Vater einen
Sohn zeugen, ſo muß er zuvor nicht *deſtrui-*
ret werden, ſondern iſt genug, daß mit dem

L 5 Saa

Saamen der generirende Spiritus außgehe,
welchen der Weibs-Saamen empfängt, und
in der Wärme erhält; und ein solcher Spiritus
zeuget das Kind, und gestaltet seine Gliedmassen, davon Avicenna an seinem Ort meldet. Also verhält es sich auch mit dem feinen
Golde, so des philosophischen Steins wahre
Materie ist: Dann der Vater ist; so alles in-
struiret und anrichtet, denselben muß man
nicht destruiren oder verderben, noch von seinen Elementen separiren, sondern es ist genug, daß die Sonne, der Vater, so seinen
Geist erbläset, Kraft und Tugend durch den
in Kraft und Tugend zufliessenden Geist (welcher der wahre Stein der Philosophen ist,
den man aus der Erden nimmt) dem Sohn
eingiesse: Durch solchen gebährenden Geist
wird der Sohn substantialisch. Von euch,
der Natura, habe ich nun so viel gelernet, daß
die Kunst der Alchymia eine wahrhaftige Scientz
ist, und sage, daß das hochrothe Gold, so
man die Sonne nennet, des Steins oder
Elixirs wahrer Vater sey, aus dem so grosser
Schatz ausgehet, welcher erwärmet, inseri-
ret, figiret, digeriret und tingiret durch Kunst,
ohne Diminution und einige Corruption, dasselbige Gold, so der Vater ist, von dem der
Sohn so trefflich entspriesset. Ist uns derohalben nicht möglich, auch nicht nothwendig,
noch erlaubet, die Vermischung zu zertreiben,
noch die Elemente zu scheiden, welche die Natur in dem Argento vivo äusserlich und inner-
lich, und gleichergestalt in dem perfecten Cor-
pore

pore der Sonnen sowohl in gebührlicher Quantität, Complexion und Qualität proportioni-
ret, zusammengefügt und geordnet hat. Wissen
wir nun nicht die Scientz der Natur, und haben
keine Erkenntniß der vier Elementen Vermi-
schungen, so werden wir in derselben Separa-
tion gleichfalls unwissend seyn. Ist derohalben
hoch vonnöthen, daß wir der Natur nachfolgen, und uns ihrer Instrumenten, wie sie die
Elemente machet, gebrauchen; ohne welche
Administration wir sonsten in Eduction oder
Ausziehung dieses Steins Form, und Ersu-
chung hierzu gehöriger Mittel, keine rechte
Nachfolger seyn werden: Durch welche Mittel
man kommt zu dem Instrument, dessen sich
die Natur in den Mineren, indem sie dem Argento vivo seine Formam giebt, gebrauchet.
Thun wir ihm nun anderst, so seynd wir De-
structores und Verderber desjenigen, so die
Natur auf das beste componiret und disponi-
ret hat, indem wir die Vermischung wider
euren, der Natura, Befehl so schändlicher
Weise separiren. Gleichwohl wir, wie Aristoteles sagt, die Elementa verkehren sollen, zu
finden, was wir suchen.

Also habt ihr, Natura, mich nun auf eure
Weg weislich geleitet, dafür ich euch grossen
Danck sage. Dann ich von euch so viel erlernet, daß alles mein Werck nicht tauge; ich
erkenne, daß es grosse Thorheit, und im Ende das Verderben und Traurigkeit sey, sich in
vielerley Oefen, Queckfilber, Aquis fortibus,
gemeinen Dissolutionibus, allen mineralischen
Dingen,

Dingen, Roß-Miſt und Kohlen-Feuer zu bemühen: Dann alles mit einander nichts nützet.

Beſchlieſſe derowegen, daß ich hinfüro
fleißiger auf eure Bücher Achtung geben, und
euch nach allem Vermögen nachfolgen will:
Dann diß iſt der ſicherſte Weg, den ein Menſch
gehen mag; und iſt gewiß, daß dieſe Kunſt
uns von euch herkommt, wiewohl es um dieſes Schatzes Würdigkeit und Wunderwercks
willen langſam mit zugehet. Auf daß ich aber
die Zeit nicht vergeblich verliehre, ſo will ich
das Werck nach eurem Befehl zeitlich, und
gleich ſo mehr heute als morgen, unter die
Hände nehmen: Und erſtlich nach der Materie
trachten, welche mir vermittelſt ihres würckenden Theils das ſchöne Argentum vivum geben
wird: Solches will ich thun in ein wohl ver-
ſchloſſen ſauberes Geſchirr, und unter einen
Ofen, ſo mit einer Mauer umgeben iſt, ein-
ſetzen: Alsdann werdet ihr, Natura, dem Werck
wie ſichs gebühret, weiter zu thun wiſſen.
Sage euch hiemit von allen meinen Kräften
höchſten Danck, daß ihr mich gewürdiget zu
beſuchen, und eines ſolchen hohen Gutes einen Erben zu machen: Dafür ich euch die Zeit
meines Lebens verbunden bin. Will derohalben eurer Lehre folgen, und daß ich dieſe edle
Tinctur von den Elementen, vermittelſt göttlichen Willens und eurer Hülfe, erlangen
möge, mich bemühen.

Ein

Ein kurtzer Tractat,
genannt
Summarium philosophicum
Nicolai Flamelli.

WEr da will die Erkenntniß der Metallen und gewiſſe Wiſſenſchaft, wie ſie
transmutiret und eins in das andere
verkehret werde, erlangen, der muß vor allen
Dingen erkennen, woraus, und wie ſie in
ihren *Mineren formiret* werden. Alſo, und
auf daß man nicht irre, muß man auf die
Transmutationes, wie ſie in den Adern der Erden allenthalben geſchehen, ſehen. Derentwegen können ſie ſich auch auſſerhalb der Mineren transmutiren, wann ſie zuvor geiſtlich
gemacht werden: Nemlich, daß ſie in ihren
Schwefel und Argentum vivum, ſo die Natur machet, kommen. Dann alle Metalle ſind
aus Sulphure und Argento vivo formiret, die
aller Metallen zwey Spermata ſeyn: Und iſt
das eine männlicher, das andere weibli-
cher Art und *Complexion.* Dieſe zwey Spermata aber ſind aus den vier Elementen componiret: Das erſte männliche, ſo man Sulphur nennet, iſt nichts anders, als Feuer
und Lufft, und iſt ein fixer Schwefel, gleich
dem Feuer, ohne veränderlicher und metalli-
ſcher Natur: Nicht aber der gemeine Schwefel, dann ſolcher iſt keiner metalliſchen Subſtantz.
Das andere weibliche *Sperma,* ſo Argentum
vivum genennet wird, iſt nichts anders,

dañ

dann Waſſer und Erde. Dieſe zwey Spermata haben nun die alten Weiſen figuriret durch zween Drachen oder Schlangen, deren einer Flügel, der andere keine Flügel hat. Der Drach ohne Flügel iſt das Sulphur, ſo nimmermehr vom Feuer entfleuget. Die Schlange, ſo Flügel hat, iſt das Argentum vivum, ſo der Wind hinträgt, der weibliche Saamen, gemacht von Waſſer und Erde. Darum fleugt es zu ſeiner Stunde von dem Feuer hinweg, und iſt darinnen unbeſtändig. Wann aber dieſe zwey unterſchiedliche von einander abgeſonderte Spermata wieder zuſammen gebracht, und durch eine triumphirende Natur in dem Bauch des Mercurii, welcher das erſte Metall und der Metallen Mutter iſt, vereiniget werden, ſo nennen es die Philoſophi den fliegenden Drachen: Darum, daß ein Drach, ſo von ſeinem Feuer entzündet iſt, im Flug allgemach Feuer und gifftigen Dampf in die Lufft aufwirfft: Alſo thut auch der Mercurius, wann er über dem äuſſeren Feuer an ſeinem Ort in einem Geſchirr ſtehet, und das Feuer recht geordnet iſt, das innerliche natürliche, welches tief verborgen iſt, anzuzünden. Alsdann kan man ſehen, wie ſolches äuſſerliche Feuer, ſo das vegetabiliſche genennet wird, das natürliche des Mercurii entzündet. Wer auch wachſam iſt, der wird ſehen in die Lufft ſchieſſen und darinnen lauffen einen gifftigen Rauch oder Dampf, übel riechend, ſchädlich, ſehr bitter entzündet, und das ärgſte Gifft, welches nichts anders iſt, als eines Drachen

Haupt,

Haupt, so schnell von Babylon, die zwey oder
drey Meilen umgeben, ausgehet. Andere
Philosophi haben diesen Mercurium einem fliegenden Löwen verglichen, und ihn also genennet, dieweil der Löwe vielerley Thiere frisset,
und sich nach seinem Wollust damit erfättiget,
ausgenommen diejenigen, die seinem Grimm
mit Gewalt Widerstand thun können: Dann
also thut auch der Mercurius, der die Würckung an sich hat, daß er ein jedes Metall, so
ihme beygethan wird, alsbalden seiner Gestalt
beraubet, es frisset und verschlinget. Doch
erinnere ich euch, daß zwey Metalle sind, als
Gold und Silber, welche ihm zu begegnen
wissen. Wiewohl es auch bewust ist, daß,
wann dieser Mercurius entzündet ist, er solche
zwey Metalle eben sowohl verschlinget, und in
seinen Bauch verbirget: Doch es gehe darein,
welches wolle, so verzehret er es nicht, dann
sie sind in ihrer Natur perfect, und mehrers
erhärtet, als er, so ein imperfect Metall, un-
angesehen in ihm eine Substanz der Perfection
ist. Das gemeine Gold, so ein perfect Metall ist, auch das Silber und alle unvollkommene Metallen kommen aus dem Mercurio.
Darum nennen ihn alle Philosophi eine Mutter der Metallen; und folget derowegen, weil
er auch selbsten zu etwas formiret ist, daß dop-
pelte metallische Substanz in ihme sey: Und
erstlich die Substanz der untern Luna. Darnach
auch der Sonnen, so ein Metall ist, deme andere nicht gleich. Von diesen zweyen Substan-
tiis ist der Mercurius formiret, welche geistlichen

cher Weise in seinem Leib seyn. So bald
nun die Natur diesen Mercurium von gedach-
ten zweyen Spiritibus gestaltet hat, so begehret er sie perfect zu formiren, und corporalisch
zu machen, welches ohne ihn nicht geschehen
kan. Wann nun diese zween Spiritus sich er-
muntern, und die zwey Spermata erwachen,
so ihren eigenen Leib anzunehmen begehren,
alsdann muß ihre Mutter, der Mercurius,
sterben: Wann er nun natürlich getödtet ist,
so kan er sich nicht mehr so lebendig machen,
als er zuvor gewesen ist. Es sagen zwar ruhmredige Alchymisten, und affirmiren mit dunckeln Worten, daß man die perfecten und
imperfecten Corpora zu einem laufenden Mercurio machen solle: Aber es ist Betrug darhinter. Wahr ist es, daß der Mercurius ein
imperfect Metall, als Bley oder Zinn, verzehret, und multipliciret es ohne Mühe in der
Qualität: Aber hierdurch verliehret er seine
Perfection, daß er nicht mehr ein perfecter Mercurius ist: Wann er aber durch Kunst getödtet
würde, daß er sich nicht mehr wiederum lebendig
machen könnte, so würde er zu einem andern
Ding werden, als im Cinnober oder Sublimat
geschiehet. Dann wann man ihn durch Kunst
congeliret, es geschehe solches geschwinde oder
langsam, so nehmen seine zwey Spermata kein
fix Corpus an, würden es auch nicht behalten,
wie es sonsten geschiehet in den Gängen der
Erden. Auf daß aber niemand dißfalls irre,
so kan er so wenig von der Natur unter der
Erden nicht congeliret werden, daß nicht bald
ein

ein fix Granum komme, welches von denen
zweyen Spermatibus des Mercurii nicht ein
wahres Germen herfürbringe; wie in denen
Bleygängen zu sehen: Dann es ist kein solcher
Gang, daß nicht ein wahres fixes Granum
dasey, nemlich des Goldes und Silbers, in
Substantz und Nahrung. Die erste Congelation des Mercurii ist die Minera des Bleyes,
und ist ihme die bequemste, ihn zur Perfection
zu bringen, daß er fix werde. Dann wie zuvorn gesagt, so ist die Minera des Bleyes nicht
ohne ein fixes Granum des Goldes und Silbers: Welche Grana die Natur dahin gibt:
Also kan er sich multipliciren, zur Perfection
und völliger Krafft zu kommen, wie ich solches
erfahren habe und für gewiß bestätigen kan.
So lang als er in seinem Mercurio, das ist,
von seiner Minera nicht separiret, sondern
wohl verwahret ist, (dann alles Metall, so in
der Minera noch ist, das ist noch ein Mercurius)
kan er sich multipliciren, wann er nur von seinem Mercurio eine Substantz haben kan. Wann
aber das fixe Granum hinweggenommen, und
von seinem Mercurio, welcher seine Minera ist,
geschieden, wird er seyn wie ein grünend unzeitig Obst auf dem Baum; wann die Blüthe
vergehet, so fängt die Frucht an sich zu formiren, und wird ein Apfel daraus. Wer
aber die unzeitige Frucht abbrechen wolte, würde ihre erste Formation verderben: Dann der
Mensch hat nicht die Wissenschaft zu geben eine Substantz oder die Zeitigung, wie die untere
Natur wohl vermag, weil die Frucht noch am

Baum iſt, und ihre Subſtantz und Nahrung
von der Natur haben kan. So lang man
nun der Zeitigung erwartet, alſo lang nimmt
die Frucht den Geſchmack an, und ziehet ſte‐
tigs Saft an ſich, ſich vermehrend und ernäh‐
rend, bis daß ſie gar zeitig und vollkommen
wird.

Gleicher Geſtalt verhält es ſich mit dem
Golde. Dann wann die Natur ſein Granum
gemacht, und zu einem Mercurio gebracht, ſo
ernähret ſie ſolches täglich, früh und ſpat, ver‐
mehret es, und machet es in ſeinem Mercurio
vollkommen, wie es iſt: Und muß erwartet
werden, bis daß es eine Subſtantz von ſeinem
Mercurio bekommt, gleichwie die Früchte am
Baum auch thun. Dann wiſſet, daß der
Mercurius ein Baum iſt der perfecten und im‐
perfecten Metallen: Darum können ſie auch
keine Nahrung haben, als allein von ihrem
Mercurio. Sage derohalben, wann ihr wolt
Frucht ſammlen von dem Mercurio, der da
iſt die leuchtende Sonne und Mond, ſo es ge‐
ſchiehet, daß ſie in irgend einer Reiſe weit,
doch ohne langes Verharren von einander
ſeyn, ſo gedencket nicht, daß ihr ſie wieder zu‐
ſammen, wie die Natur anfänglich gethan,
werdet fügen können, ſie wohl zu multiplici‐
ren und ohne Veränderung zu vermehren.
Dann wann die Metallen von ihrer Minera
geſchieden ſind, ſo findet ihr ſie ſonderbar
gleich wie klein Obſt, ſo man zu frühe und
unzeitig abgebrochen, welches nimmermehr
groß werden kan. Es iſt ſonſten auch durch
die

die Natur und Experientz von den Früchten
der Bäume, daß wann ein Apfel oder Birn
von dem Baum abgenommen wird, es eine
Thorheit ist, sie wiederum auf den Sproſſen
zu ſetzen, daß ſie groß und zeitig werden.
Dann man weiß, je mehr man ſie in denen
Händen umwältzt, je eher ſie verwelcken.
Alſo iſt es auch mit den Metallen: Dann wer
gemein metalliſch Gold und Silber nehmen, und ſolche in einen *Mercurium* bringen wolte, der thäte närriſch   Dann
hierzu würde keine ſubtile Kunſt zu finden ſeyn,
daß ſich einer nicht ſelbſt darmit betriegen thäte; er gebrauchte gleich vielerley Waſſer oder
Cement, oder andere unzählige viele Dinge,
ſo nicht alles zu erzehlen iſt: Stetigs würde
es gefehlet ſeyn, und ihme geſchehen, als wie
denen, ſo unzeitige Früchte abbrechen, und
ſie auf den Stamm wiederum zu ſetzen gedencken.   Wiewohl etliche wahre *Philoſophi* recht
geſagt haben: Wann man die Sonne und
den Mond durch den rechten *Mercurium*
zuſammenfüge, daß ſie alsdann alle un-
vollkomene Metalle vollkommen machen:
Darinnen aber der meiſte Theil Leute irret, die
kein ander Ding haben auf Erden, es ſeynd
Vegetabilia, *Animalia* oder *Mineralia*, als dieſe drey, ſo in einem Ding beyſammen ſind.
Dann ſie nehmen nicht in Acht, daß die *Philoſophi* nicht von gemeinem Gold, Silber oder
Mercurio reden, welche gantz todt ſind, und
keine Subſtantz mehr annehmen; ſondern bleiben alſo, und kan keines dem andern helfen.

M 2   daß

daß es perficiret würde. Sie sind fürwahr
die Frucht, die man vor der Zeit vom Baum
genommen, und deswegen nicht geachtet wird.
Dann es wird in ihnen nicht gefunden, was
man suchet. Sie haben nichts mehrers, als
was sie selbsten bedürfen. Derohalben soll
man die Frucht auf dem Baum suchen, so zu
ihnen recht führet, welche Frucht von Tag zu
Tag sich ergrössert und vermehret, so lang als
der Baum dargiebet. Und diß Werck ist eine Freude zu sehen. Durch diß Mittel kan
man den Baum ohne Sammlung der Früchte
anfangen umzupflantzen, und in andere frucht-
bare bessere Erden zu versetzen, welche vielleicht
in einem Tag der Frucht mehr Nahrung geben mag, als sie sonsten in hundert Jahren
von anderer Erden nicht empfangen hätte.

Hierdurch ist nun zu verstehen, daß man
den Mercurium, so der hochgeachte und geehr-
te Baum ist, nehmen solle, welcher zugleich
bey sich und ungescheiden beysammen hat die
Sonne und den Mond: Alsdann mag man
ihn umpflantzen in eine andere Erden, die der
Sonnen näher ist, zu erlangen wunderbarlichen Nutzen, darzu der Thau genugsam ist.
Dann da er zuvor gepflantzet gewesen, hat
ihn der Wind und die Kälte also geschlagen,
daß wenig Frucht davon zu hoffen war: Daselbsten er lang geblieben, und nur kleine Früchte getragen.

Es haben die Philosophi einen Garten, darinnen die Sonne Frühe und Abends, Tag und
Nacht jederzeit ohne Aufhören ist, samt einem
lieb-

lieblichen Thau, von dem ſie wohl angeſpren-
get wird, und trägt die Erde Bäume und
Früchte, die dahin gepflantzet ſind, welche gehörige Nahrung von angenehmer Weide empfangen. Diß geſchiehet von Tag zu Tag,
und ſie werden allda ſtarck und kräfftig ohne
Verwelcken, aufs wenigſte in einem Jahr
ungefehr, als ſie ſonſten in 1000. Jahren
(alſo zu ſagen) nicht gethan hätten an dem
Ort, da ſie zuvor ſtunden, und die Kälte ſie
betraffen. Man muß ſie nehmen, und ſie über
das Feuer Tag und Nacht ſtets im Ofen halten. Es ſoll aber kein Holtz oder Kohlenfeuer
ſeyn, ſondern ein helles lichtes Feuer, nicht
anders als die Sonne, welche niemahls zu
heiß oder brennend, ſondern allezeit gleich warm
ſeyn ſolle: Dann der Dampff oder Dunſt iſt
der Thau und Saamen aller Metallen, ſo
nicht muß alterirt werden. Du ſieheſt an den
wachſenden Früchten, wann ſie zu viel Hitze
haben, ohne ein wenig Thau, daß ſie trocken
bleiben, und auf den Sproſſen abſterben, oder
zu keiner Vollkommenheit endlich kommen.
Wann ſie aber durch Wärme und mittelmäſ-
ſige Feuchtigkeit auf dem Baum ernähret werden, ſo werden ſie ſchön und herrlich. Dann
Wärme und Feuchtigkeit iſt eine Nahrung aller Dinge auf Erden, als der Animalien, Vegetabilien und Mineralien. Holtz
und Kohlenfeuer iſt ihnen nicht gut. Dann
es ſind gewaltſame Feuer, ſo nicht ernähren,
als das, ſo von der Sonnen kommet: Welche Wärme alle corporaliſche Dinge erhält,

darum,

darum, daß sie natürlich ist. Derowegen ha=
ben die wahren Philosophi kein ander Feuer
für sie erwählen wollen, als das natürliche,
dem sie nachfolgen; nicht aber, daß darum
der Philosophus mache, was die Natur ma=
chet: Dann die Natur alle Dinge, als Vegetabilia, Mineralia und Animalia, ein jedes
in seinem Gr=d, in dem es herrschet, geschaf=
fen hat. So will ich auch nicht sagen, daß
die Menschen durch ihre Kunst natürliche Din=
ge machen. Wann aber die Natur solche
Dinge außgewürcket hat, so kan ihnen der
Mensch durch Kunst helffen, und sie perfecter,
als die Natur gethan, machen. Auf diese
Weise haben die alten Philosophi, uns alle zu
informiren, anderst nicht gearbeitet, dann na=
türlich mit der Luna, und der rechten Mutter,
dem Mercurio, davon sie Mercurium Philosophorum gemacht, welcher in seiner Würckung
weit stärcker ist, als der natürliche Mercurius.
Dann dieser ist nur gut zu den schlechten voll=
kommenen und unvollkommenen, kalten oder
erwärmeten Metallen: Aber der philosophi=
sche dienet auch für die mehr dann vollkom=
mene und unvollkommene Metalle, solche al=
le geschwind zu perficiren und reficiren, ohne
einiges verminbern, zuthun oder verändern.
Wie sie die Natur gemacht, also lässet er sie
seyn, und lässet doch auch nichts aus. Jedoch
will ich auch nicht sagen, daß die Philosophi
alle drey zusammen fügen, ihren Mercurium
zu machen und zu perficiren, wie eines Theils
unweise Leute und ungelehrte Alchymisten thun.
                             Die

die das gemeine Gold, Silber und Mercurium
nehmen, und dieselben so übel tract ren, biß
sie im Rauch hinweg gehen, und also den Mercurium Philosophorum zu machen vermeynen.
Aber sie kommen zu diesem nicht, der da ist
des Steins erste Materie und wahre Minera.
Wollen sie darzu kommen, und etwas gutes
finden, so müssen sie gehen auf den Berg der
sieben, da keine Ebene ist, und von oben herab anschauen die sechste, die sie von ferne sehen
werden. Auf diesem hohen Berge werden sie
erkennen das triumphirende regalische Kraut,
welches etliche Philosophi mineralisch, etliche
vegetabilisch genennet, und Saturnialisch heisset. Man muß aber das Gebein seyn lassen,
und die Suppen, so davon kommt, nehmen
gantz rein und sauber, darvon kan der meiste
Theil des Wercks gemacht werden. Dieses
ist der rechte subtile Mercurius Philosophorum,
welchen du nehmen sollest.

Erstlich wird er das Werck weiß, darnach
auch roth machen, so du meine Rede recht
verstehest. Dann beydes ist nicht mehr als
eine Practicke. Die Sonne und der Mond
werden auf einerley Weg gemacht und zubereitet: Dahero kommet weiß und roth in der
Practicke, welche so schlecht und leicht ist, daß
sie ein Weib neben dem Rocken oder Spin-
nen ungehindert verrichten kan, oder als wann
sie der Hennen im Winter Eyer unterlegt sie
außzubrüten, und dieselbe nicht wäschet. Dann
man wäschet die Eyer nicht, wann man sie
zum ausbrüten unterlegen will, sondern wie

sie

sie seyn, also unterleget man sie der Hennen,
und thut nichts anders, als daß man sie tåg-
lich umwendet, und unter der Brüthennen
umkehret, die junge Hünlein desto eher zu haben. Hiermit ich alles gnugsam erkläret. Das
Exempel aber auszuführen, solst du erstlich deinen Mercurium nicht waschen, sondern ihn
nehmen, und mit seines gleichen, welches das
Feuer ist, in die Aschen, so das Stroh ist,
setzen, in ein einiges Glas, so das Nest ist,
ohne ander Dings, in einem tüglichen Ofen,
der das Haus ist: So wird von dannen her-
ausgehen ein jung Hünlein, so durch sein Blut
dich heilen wird von aller Kranckheit, und von
seinem Fleisch dich zur Speise sättigen wird:
Von seinen Federn wird es dich bekleiden,
und für der Kälte bewahren. Darauf ich den
Höchsten Schöpffer bitte, daß er allen guthertzigen Alchymisten die Gnade verleihen wolle, dieses Hünlein zu finden, daß sie sich darvon erhalten und ernähren mögen. Gleichwie das wenige, so ich allhier erkläret, von
oben herab von GOtt dem Vater empfangen,
der mir es aus Liebe nach seiner Güte gegeben.
Derentwegen ich euch dieses kleine Tractätlein
gemacht, auf daß ihr mehrern Lust habt zu
suchen, und den rechten Weg treffet: Welchen Tractat ich in ein Summarium gefasset,
auf daß ihr nach den Dictis Philosophorum,
die ihr hinführo mehrer verstehen werdet, das
Werck besser ergreiffet.

⚜ o ⚜

VIA

VIA VERITATIS.

Ein sehr schönes, nützliches und herrliches Tractätlein.

Nachdem nun, lieber Freund und Bruder, viel Verführungen bis anhero den
Einfältigen in der herrlichen Kunst
Chymia sind vorgestellt durch viel falsche Alchymistische Scribenten, welcher Schreiben
doch nichts anders ist, dann eitel Betrug und
Lügen, obs wohl dem Einfältigen bedüncket
etwas herrliches zu seyn, und also den Lügen
grossen Glauben zustellen, auch mit der Arbeit fortfahren, aber sich dadurch in grosse
Mühe und Arbeit bringen, dann was aus
Unverstand angefangen, kan zu keinem löbli-
chen Ende gebracht werden; Derowegen siehest du den meisten Hauffen, so sich jetziger
Zeit in eine herrliche Kunst Alchymiam begeben, lauffen und jagen alsbald nach den falschen alchymistischen Processen, und meynen,
sie haben allda die rechte wahre Kunst gefunden, die doch ohne Parabeln in keinen Büchern beschrieben wird, sondern ein Hauffen
falscher ℞ findt man genugsam, so falsche Buben erdichtet, die selbsten von der Wahrheit
nichts gewust, derohalben sie auch nichts wahrhafftiges schreiben können, haben also beyde,
Leser und Schreiber, gleich viel verstanden,
was in die Natur gehöret: Dann so die Schreiber die Natur gewust, hätten sie sich solche un-

M 5   ge-

gereimte Ordnungen und R zu schreiben nicht
unterwunden ; ja auch dieselben mit ihrer falschen Sublimation, Calcination, Distillation,
Solution und Coagulation, die erdichte Putrefaction und Conjunction , wie man das täglich bey den ungeschickten siehet, daß sie all ihr
Gut mit der falschen Sudlerey verschwenden,
welches nur alles geschiehet durch die falschen
Bücher, die da lehren von falschen Regimenten, welche der Natur gar nicht gleichförmig
sind. Mit solchen unnützen und unnöthigen
Processen haben die rechten Chymici nichts zu
schaffen, sondern sie gebrauchen sich der ehr-
würdigen Natur, wie sie es in den Adern der
Erden , nach ihrer Art und Weise , zuwegen
bringet ohne Solution, Coagulation, Putrefaction, welches doch in sich gantz simpel und
schlecht ist : Dann bedencke dich doch recht,
lieber Freund, was für Instrumenta, als Helmen, Kolben, was für Retorten, Circulir-
Gläser, Sublimir- Gläser, oder mancherley
Oefen, mancherley Feuer, auch mancherley
Materien, findet man in den Adern der Erden, da die Metallen grünen und wachsen,
ob die Natur auch in den Adern der Erden so
viel und mancherley Oefen oder Gläser, auch
so mancherley Materien gebrauchet, als Vi-
triol, Saltz, Arsenicum, Mercurium, Schwefel, und ander Lumpenwerck mehr, hie unnöthig zu erzehlen, wie heut die Alchymisten gebrauchen, damit sie ihr Geld und Zeit mit grof-
sem Unverstand zubringen, mag sie auch billig
vor Unverständige schelten, dieweil sie sich täglich

lich in Alchymia üben, aber doch in der grof=
sen Suderey mit ihren Solutionibus, Coagu=
lationibus, Diſtillationibus, Putrefactionibus,
das doch nichts werth iſt, verharren, und das
Geld und die Zeit unnützlich verzehren, die=
weil die Natur ſo ſchlecht iſt, und ihre Arbeit
ſo gar ſimpel und ſchlecht verbringet; worzu die=
net uns dann die groſſe Suderey und Mühe,
die doch nichts als Thorheit von den wahren
Künſtlern gerechnet wird, werden auch täglich
von ihnen verſpottet, daß ſie die Augen nicht
beſſer aufthun, ſondern alſo in der Sophiſterey
ſtecken bleiben, (darinnen ſie auch müſſen ver=
derben und verharren, dieweil ſie nichts wei=
ters wollen nachtrachten, dann was ſie in ih=
ren ſophiſtiſchen Büchern geleſen haben) dann
all ihr Thun iſt ſophiſtiſch, und nicht philoſo=
phiſch, darum ſie auch zu keiner Kunſt oder
Wahrheit kommen: Das ſag ich aber für=
wahr, ſo lang du der Lügen, und nicht der phi=
loſophiſchen Kunſt Liebhaber biſt, wird dir die
Wahrheit nicht offenbahret werden, wiewohl
ich auch lange Zeit in den ſophiſtiſchen Regi=
menten verharret und gearbeitet, als ſublimi=
ren, diſtilliren, calciniren, circuliren, ja auch
mancher Subſtantzen, als Urin, Saltz, Vi=
etriol, Alaun, Borras, nicht verſchonet.
kem, im Haar, im Blut, im Weinſtein,
auch im Wein hab ich geſucht mit mancher=
ley Arbeit, in Eyern, Knochen, und in aller=
hand Kräutern hab ich mich bemühet, Arſe-
nicum und den Mercurium cum Sulph. hab
ich verſucht, alle Mineralia und Metallen hab
ich

ich probiret, durch alle ſtarcke Waſſer und
Laugen hab ich ſie angegriffen mit ſolviren
und coaguliren, hab mich auch befleißiget im
amalgamiren, und præcipitiren hab mich nicht
erfreuet, den Quint-Eſſentien hab ich viel ge=
trauet, bin aber auch betrogen worden.

Darum, lieber Bruder, iſt meine ernſtli=
che Vermahnung und Befehl, daß, ſo du
in dieſer herrlichen Kunſt zu ſuchen dich wilt
begeben, daß du dich in das ſophiſtiſche un=
ordentliche Regiment der Sublimirung des
Sulphuris und Mercurii, oder der Solvirung
der Körpern, auch der Coagulirung der Spi=
rituum nicht wolleſt einlaſſen, auch mit ihren
köſtlichen Oeſen nichts zu ſchaffen haben, denn
ſie zur rechten Kunſt nicht dienlich: Darneben
auch, ſo lange du nicht dem wahrhafftigen
Weſen der Natur nachtrachteſt, wirſt du
wohl ungetröſtet bleiben, daß du auch end=
lich wirſt vermeynen, die Kunſt ſey nichtig
und gar erdichtet und erlogen; darum ſo du
Vortheil begehreſt zu ſchaffen, muſt du alle
die Sublimation, Calcination, Solution und
Coagulation mit der Putrefaction gantz über=
gehen, und begehren Jünger zu ſeyn und ge=
nannt werden von dem rechten wahren Grund
der Philoſophie, welcher dir durch den rech=
ten Verſtand eine andere Solution, eine an=
dere Coagulation, und ein ander Regiment,
welches natürlich iſt, wird weiſen und lehren
(und auch mit der Natur übereinkommen).
Dann wie es die Natur in den Adern der
Erden arbeitet, da die Metallen wachſen,

alſo

also must du der Natur bequemlich folgen:
Du siehest ja, daß die Natur nicht mehr dann
eine einige Substanz in ihrem Wesen gebraucht,
und in derselben Substantia siehest du alle Dinge
verborgen: Diese Substantia darf keiner andern
Arbeit, dann allein eine wahrhaftige Kochung,
durch welche sie sich höher und höher gradirt, bis
auf ihren höchsten Gradum. Aus dieser schlechten
Kochung und Gradirung haben die spitzfindigen
Sophisten eine Solution, Coagulation, Calcination, Putrefaction, Sublimation, auch noch vielmehr phantastische Namen erdichtet, haben also
von dem wahren schlechten Wesen der schlechten
Kochung ein gantz ander Wesen gemacht und er-
spintisirt, und diese schlechte, wahrhaftige Kunst
in die gröste Beschwerniß gebracht, gleich als ob
so grosse Mühe und Arbeit, so lange Zeit, und
so viel Unkosten darzu gehöreten, das sie doch
fälschlich, aus Haß und Neid, haben erdichtet,
damit sie die Nachfolger von der wahren Kunst
ableiteten und in grosse Armuth führeten, welches sie für GOtt schwerlich mögen verantworten, indeme sie wenig betracht, daß GOtt
spricht: Liebe deinen Nächsten als dich selber. Die Wahrheit haben sie unter die Füsse
getreten, und Lügen an die statt gesetzt, welche
sie herrlich geschmückt, und grosse Bücher davon geschrieben, gleich als wann es eine wich-
tige Sache wäre, die metallische Natur zu verbessern, da es doch nichts anders ist, dann eine schlechte Kochung.

Dann weil du kochest, so putrificirest du, die
Substanz gibt sich in eine Fäulung, gleicher

Weise

Weiſe wie das Korn, wenn es in die Erde ge-
ſäet, durch die Wärme der Sonnen in der Erden erhalten wird, und durch den natürlichen
Regen erſt muß vergehen und faulen, ehe etwas neues davon wachſen mag, daſſelbe haben ſie eine Putrefaction genannt, auch eine
Solution, alſo ſublimireſt du auch in der Kochung, dann die Verbeſſerung der Subſtanz
haben ſie eine Sublimation und Multiplication,
die Einfältigen und Unwiſſenden damit zu
verblenden, genennet. Ebenermaſſen ſo coa-
gulireſt du: Als wann die Feuchtigkeit in die
Natur des Feuers verändert wird, daß ſie
dem Feuer widerſtehen kan, noch verzehret
wird, oder verrauchet, nennen ſie es Coagulation; in der Kochung circuliren die Philoſophi, dann darinn wird das Feuer mit
dem Waſſer vereiniget, damit das Feuer
nicht verbrennen kan, wie wir täglich ſehen, daß das Waſſer allerdings vor dem
Brand, ſo lang das Waſſer darbey iſt,
beſchirmet: Alſo auch nimmt ſich das Waſſer
in der Kochung des Feuers an, und vereiniget
ſich das Waſſer mit dem Feuer, daß es ganz
ein lauter Feuer wird, und iſt alſo von den Alten Circulatio oder Conjunctio geheiſſen. Alſo
da ſieheſt du, wie ſie von der ſchlechten Kochung ſo viel Namen erdichtet, und ſo viel fal-
ſcher Regiment den Leuten zur Verführung haben aufgerichtet: Aber die vielerley Namen
haben die Alten dieſer einigen Subſtanz derhalben zugelegt, damit ſich keiner könnte erinnern,
was es doch ſeyn möchte, daraus (durch die

Krafft

Krafft GOttes) so herrliche Dinge könnten zu,
wege gebracht werden. Erstlich nennen sie
es unsern Gium, dadurch sie nichts anders ha,
ben verstanden, als die Feuchtigkeit, so sich
ein wenig mit dem Feuer hat angefangen zu
vereinigen, und also dem Gio ist verglichen
worden: Auch haben sie es unsern Sulphur ge,
nennet, welcher doch nichts anders ist, dann
das Feuer, so in dem Wasser oder Feuchtig,
keit verborgen liegt, und von dem Wasser bis
zu seinem höchsten Gradu gekocht wird: Weiter
ist es auch Hyle, id est, Principium omnium rerum genennet worden, darum, weil alle Dinge
sich erst aus dem Wasser und Feuer generiren.

Andere Namen, als Auripigm. Arsen. Mar-
casita belangend, sind nicht von Philosophis,
sondern von losen unverständigen Buben und
Sophisten, welche selbst die Wahrheit nicht ge,
wust, erdichtet: Darum wollest du dich hin,
füro der Sophisten entschlagen, und nichts an,
ders thun, als der Natur nachfolgen, welche
nur eine schlechte Kochung erfordert, so wirst
du nicht betrogen.

Wann du nun nicht so sehr verführet, und
der Natur ein wenig nachtrachten wilt, wirst
du dich ohne Zweifel bald können erinnern,
was doch die Materie sey, daraus die Metallische Creaturen progeneriret werden: Aber dan,
noch must du vorerst die Metallische Natur,
warum Sol, Luna, Venus, Mars, Jupiter und
Saturnus, alle Metallen sind, was ihr Ursprung
ist, daß sie Metallen geworden sind, recht ler,
nen erkennen.

Auch

Auch mußt du ungezweifelt wissen, daß alle geschaffene Dinge in drey Naturen getheilet sind, als vegetabilische, animalische und mineralische, und daß in diesen dreyen alle Dinge begriffen sind, dann alle Kräuter, alles Holtz und Bäume, was im Feuer verbrannt und Flammen von sich gibt, wird vegetabilisch genannt: Darnach alle Thiere, die das Leben haben, oder was unter Fleisch und Blut begriffen, sind animalisch: Endlich alle Metalle und Steine, auch alle andere Dinge, so keine Flammen können von sich geben, sind mineralisch, und werden unter mineralischer Natur begriffen.

Also siehest du nun, lieber Bruder, daß alle Dinge in drey unterschiedliche Naturen getheilet und begriffen sind. Demnach ob sie schon in die drey unterschiedenen Naturen getheilet sind, haben sie doch alle nur einen einzigen Anfang oder Principium, davon sie geseelet oder gebohren worden, dann durch die unterschiedene Kochung verändert sich diese prima Materia in dreyerley Wege, darnach die Kochung ist, gut ist diese einige und gemeine Substanz unterschiedener Naturen.

Derohalben rathe ich dir (wie vor), daß du alle sophistische der Alchymisten Subl. Solut. Coagul. und Putrefact: samt allem Gauckelspiel, deßen sie sich noch heutiges Tages pflegen, verläßest, und allein der schlechten natürlichen Kochung der rechten und wahren Substantzien anhangest, welches dich warlich und gewiß zu der wahrhaftigen Verwandlung der Naturen

führen

führen und leiten wird: Dann die Natur wird
durch kein ander Ding, noch durch keinerley
Weise erhöhet noch verbessert, dann allein
durch die natürliche Kochung der Essenhien.

Dann, lieber Bruder, die Essentia ist die
fürnehmste Sache, da die Braut um tanhet.

Aber dannoch sind verführte sophistische Alchymisten so plump und unverständig, daß sie
diß nicht können ersinnen noch begreifen, sondern zumartern sich von Tag zu Tag mit so
viel und mancherley, der Natur gar zuwider,
Substanhien, die gar nicht dienlich zu der wahren Kunst, gleich als ich Horn, Holh oder
Stein säen wolte, und darob natürlich Korn
zu erndten verhoffte: Da es doch unmöglich,
daß man aus allerhand Substanhien, die man
erdencken möchte, Sonne und Mond machen
könnte; sondern allein aus der natürlichen Essentia der Naturen, davon alle Dinge ihren
Anfang bekommen, und hernach durch die
unterschiedene Kochung in unterschiedene Substanhien sich auctheilen.

Also hat ein jeglich natürlich Ding in den
Naturen seine sonderliche Kochung: Darum
müssen wir, so fern wir anderst zu der wahren
Kunst der Alchymia begehren zu kommen, arbeiten, als die Natur in den Adern der Erden
ihre Arbeit vollbringet.

Es haben auch die Alten von vielen Farben
Meldung gethan, als erst schwarh, darnach
weiß, Citronfarb, lehtlich roth, auch grün
und allerley Farben, welches auch nichts denn
N   Betrug

Betrug ist, damit sie dich verleiten, daß du
dich auf andere natürliche Wege begebest, und
also im Unverstand bleiben müssest.

Dann die Alten sind sehr subtil gewesen,
haben sich auch heftig bemühet, daß sie ihre
Rede und Sprüche mit so verdeckten Worten
könnten schmücken und zieren, damit der gemeine Mann, was sie hierunter angedeutet
hätten, nicht möge begreifen.

Darum warne ich dich, als ein guter Freund,
daß du dich nicht lassest irren oder verleiten,
weil sie von schwartzer Farbe sagen, daß du eine
schwartze Substantz zu haben oder zu nehmen
vermeynest, oder daß die Materia in der Arbeit
schwartz, weiß und roth werde; sondern
darum haben sie schwartzes gesagt, weil die
Essentia im ersten Anfang sich vermenget mit
heissem corporalischen Feuer, alsdann scheidet
sich der Liquor von der Essentia gleich einem
schwartzen Rauch: Diesen schwartzen Rauch
haben die Alten den schwartzen Raben, die
Essentia aber den Raben-Kopf oder Raben-
Haupt genannt.

Diese Scheidung must du nun gar wohl betrachten, dann aus dieser Scheidung sind die
alten Weisen verursachet, daß sie den dreyen
Naturen, als Vegetabilischen, Animalischen
und Mineralischen, haben nachgetrachtet, und
daraus befunden, daß der Unterscheid der Naturen nichts anders, dann eine Mängelung der
Kochung in der Natur gewesen.

Haben auch darnach diesen Dingen weiter
nach-

nachgesonnen und gedacht, wie man doch diesen
Essentzien, welche durch die Natur am schwäch-
sten gekocht, möchte durch das gemeine Feuer
natürlich zu Hülfe kommen, damit die Essentzien, welche jetzt verbrennlich sind, und ihre Li-
quores, (so die Alten aus Mißgunst den Mercurium genannt) welche von der Essentia schwartz
abscheiden, durch Kunst möchten vollkommen
gemacht werden, also, daß die Essentia durch
den Liquorem für der Verbrennung verwahret
bleibe, und der Liquor sich von der Essentia
nicht könnte abscheiden: Diß haben die Alten
genannt unsern Sulphur, dann nach dieser Be-
reitung ist die Essentia nicht mehr vegetabilisch,
noch animalisch, sondern ist nun durch die Kochung eine mineralische Essentia geworden, darum ist er Sulphur geheissen, dann die Essentia
ist nichts anders, dann ein elementarisch Feuer;
und sein Liquor, welcher für der Verbrennung
verwahret wird, ist eine wahrhaftige elementische Lufft, daß es also, weil die Lufft von Natur warm und feucht, von den Abgünstigen
Mercurius genennet wird.

Dann die Lufft hat in sich die Natur des
Feuers, und wiederum hat das elementische
Feuer an sich die Natur der Lufft, also, daß
durch Zuthuung ihres gleichen, eine wahrhaftige Conjunctio von diesen beyden muß geschehen.

Das sind die corporalischen Materien, als
Feuer und Wasser, die uns augenscheinlich
sind, dieselben corporalischen Elementen sind

nichts

nichts anders, dann eine Mithülfe den Essentiis Elementorum, dadurch sie natürlich zu ihrem höchsten Gradu mögen gebracht werden.

Diese Gradirung ist nun die rechte wahre
Alchymia, und ausser dieser sonsten gar keine.

Was aber heutiges Tages die Sophisten
handeln, ist nichts, dann Geld und die Zeit
verliehren.

Du solt auch nicht gedencken, daß du einen
gründlichen Verstand aus der Philosophorum
Sprüchen fassen werdest, dann sie sind, solche
gewesen, so dich auf das auswendige weisen,
und die wahre innerliche Essentia verbergen, ja
sie geben dir die Kleyen, und von dem ausge-
beutelten Mehl backen sie Brod: Siehe nun,
was wirst du aus der groben Kleyen machen?
Also thun sie mit ihren Sprüchen, weisen dich
auf Wege, die sie nimmermehr gedencken zu
wandern: Darum rathe ich dir, daß du bey-
zeiten abstehest von solchem verderbten Grund,
sonst wirst du die Apotheker reich machen, und
dich und die Deinen in Armuth bringen, ja
auch durch deine vergiftige schwartze Däm-
pfe des Schwefels und Quecksilbers, und der
Stäncke der Marcasiter und Salien, da du
mit umgehest, gefährliche Kranckheiten auf
dich laden, dann solche Sachen alle der wahren Kunst zuwider seyn.

Es ist auch höchlich zu verwundern, daß alle die, so dieser hohen Gaben Gottes täglich
nachtrachten, auch schwere Arbeit drum thun,
dannoch so verstockt bleiben, daß sie in der un-
sinni-

finnigen Thorheit, da sie doch augenscheinlich
sagen, daß nichts mit ausgerichtet wird, verharren.

Dann schau, was haben doch so viel tausend Menschen, die sich mit dem Subl. Solut.
Coagul. Putrefact. Amalg. Circul. durch Schmel-
tzung der Salien gemartert, ausgerichtet?
Was haben sie mit ihren Wassern, Auflösung
der Metallen, mit dem Weinstein, dem Blut,
Haar, Eyern, Milch, Honig, Zucker, mancherley Kräutern, in Verwandelung der Metallen, zuwege gebracht? Dienstlich nichts,
ja weniger dann nichts: Drum so laß dir diese vorigen ein Exempel seyn, weil du siehest
und hörest, daß sie von so vielen Jahren her
mit ihrem sophistischen Wesen zu der rechten
wahren Alchymia, das zu Verbesserung oder
Verhöhnung des elementischen Feuers diene-
te, nicht haben kommen können: Ohne welches durch sein eigenes Licht oder Liquor erhöhet und gebessert wird, von dem ersten Gradu bis auf den letzten, dadurch dann auch die
Imperfecten erhöhet werden, welchen dann
nichts anders gebricht, als daß ihr elementisch
Feuer nicht vollkommen durch seinen Liquorem
gekocht noch vereiniget ist, darum kan noch
mag das elementische Feuer nicht bestehen,
dann sein Liquor scheidet sich von seinem elementischen Feuer, durch die Hitze des gemeinen Feuers, und verfleucht in einem weissen
Rauch, aber das elementische kan nicht ver-
fliegen, sondern bleibet bey der Erden, und

muß

muß bey und mit der Erden verbrennen, dann
sein Beschirmer ist verflogen in einem weissen
Rauch, und das ist die Weisse, von welcher
die Alten geschrieben, welche nach der Schwärtze kommt, darum haben sie gesprochen, du
du must erst schwärtzen, ehe du weissest, dann
vom schwartzen müssen wir erst anfahen und
verändern den schwartzen Rauch, nicht aber,
daß du den schwartzen Rauch für deine Materia
solt nehmen, und den weiß machen, das wäre auch Betrug: Darum sag ich dir, es seyn
der Philosophen Sprüche schwerlich von denjenigen zu verstehen, so dir in der natürlichen
Würckung der Naturen nicht gründlich berichtet sind, und auch so lang du in der Natur
unwissend bist, und was der Metallen ihre
Metallheit ist, nicht recht verstehen kanst, so
wirst du zu der rechten wahren Alchymie nicht
kommen können.

Weiß auch wohl, lieber Bruder, daß ich
dich durch mein Schreiben nicht erfreuen werde, sondern dein Hertz wird sich erschrecken,
der Ursachen, daß ich das falsche sophistische
Regiment so gantz und gar unter die Füsse trete, darinnen du fest verwurtzelt bist, und meynest nicht anderst, du wissest eine grosse Sache,
so doch nichts dann eine grosse Thorheit und
Narren-Spiel ist, welches da nicht dienet zur
Verbesserung der metallischen Naturen, sondern dienet allein den Barbierern und Badern,
auch den Medicis; so laß nun dieselben damit
spielen, dann ihnen kömmt es bisweilen zu Nutz.

Wie

Wie dann auch Adam von Bodenstein,
der ein Meister ist gewesen in der Sophisterey,
daher viele seltsame Bücher unterm Schein
The. abgemacht, und sich der Alchymia hoch
gerühmet, gleich als ob er es wohl gewußt hätte,
das doch weit gefehlet; ein guter Sophist,
bekenne ich, ist er gewesen, dann all sein Thun
ist nichts, als mit sophistischen Regimenten zu
handeln, dadurch er etliche Præparationes (aus
Kraft des gemeinen Feuers) hat erfunden, die
ihme in seinem Handel, als in der Medicin,
sind dienstlich gewesen, welches doch der wahren Alchymie nicht angehet, sondern ihr gar
zuwider ist, dannoch sind heutiges Tages
viel Menschen, die dem Bodenstein die wahre Alchymie zuschreiben und meynen, er habe
alle Heimlichkeit gar wohl verstanden, da es
ihme doch weit gefehlet; dem Ungelehrten schei-
net es grauß für den Augen, als ob ein mäch-
tiger Verstand darinnen wäre, welches ein un-
gegründet Ding ist für den Verständigen: jedoch, wie man sagt, für den Blinden ist gut
fechten, so will ichs auch bey dem bleiben lassen, weil Adam von Bodenstein seine Person nicht vorhanden, will ich ihn nicht viel
lästern, nach dem Sprichwort: De absenti-
bus nil nisi bonum; aber das sag ich, ein Artzt
ist er gewesen, und ein guter Sophist, aber die
natürliche Kunst der Alchymie, oder die Secreta
der Naturen, hat er nicht recht verstanden,
nach Ausweisung seiner eigenen Schriften,
wiewol es mich nicht groß angehet, jemand

N 4   hoch

hoch rühmen, sie werden mir keinen Schaden
damit thun, sondern den armen schlechten einfältigen Menschen, die auf sie bauen, und dadurch ins Verderben geführet werden, denen
schreib ich diß zu gute, daß sie mögen wissen,
wofür sie sich hüten sollen, dann die Verführung ist groß, aber die Wahrheit ist schlecht.

So dir nun die Wahrheit beliebet, must du
die Sophisterey, mit aller ihrer Arbeit, die du
bis auf den heutigen Tag gepflogen, verlassen,
und allein betrachten, was die Natur thut,
auch wie sie ad Essentiam laboriret, so wirst du
nicht fehlen oder irren, sondern was du begeh-
rest, säen, und keine Mühe haben: auch wenig Arbeit und Geld-Spendung bedürfen.

Dann, mit einer subtilen und geringen Kochung wird die gantze Sache vollbracht, also
daß durch die Kochung geschicht die Solutio und
Coagulatio Corporum, und die Sublimation
samt der Putrefaction wird alle dadurch geendet,
davon dann auch die Weisen geschrieben haben. Aber doch haben etliche an statt des wahren schlechten Wesens gar ein ander Wesen
aufgerichtet, damit die gantze Welt verblendet, und manchen Menschen damit in grossen
Schaden geführt.

Ob es nun recht gethan, stell ich GOtt
heim, der alles richten wird, dann es wäre
viel besser, daß nicht so viel geschrieben würde, dadurch so mancher Mensch betrübet
wird, die sich allein auf die sophistische er-
dichtete Proceß verlassen, die sie in den Lügen

gen Büchern lernen, und alſo betrogen
werden, dann wäre von der Alchymie nicht
ſo viel, oder würde noch täglich von der
Natur Unverſtändigen geſchrieben, ſo wären viel tauſend Menſchen heutiges Tages,
die die wahrhaftige Kunſt gewuſt hätten,
und von ſich ſelbſt wohl hätten können begreiffen, da nun in viel Jahren kaum einer
an die Wahrheit kommen kan, dieweil faſt
alle Liebhaber der Philoſophie ſich allein auf
die Bücher und ſophiſtiſche Arbeit verlaſſen,
meynen, die Alten haben es auch alſo mit
ſolcher grauſamen Arbeit zuwege gebracht,
das ich öffentlich ſtrafe, und ſage, daß dem
nicht ſo ſey, dann die wahre Kunſt darf der
Hümpeley, derer ſich die Laboranten heutiges Tages gebrauchen, in keinem Wege,
die alten Weiſen haben ſelbſt alſo nicht gearbeitet, ob ſie ſchon etwas weitläuftiger in
ihren Büchern, die Unweiſen damit zu verblenden, davon gelehret haben, daran ſie
dann ſo gar wohl nicht gethan, dann auch
die, ſo etwan auf dem rechten Wege wären,
dadurch könnten in Irrthum geführet werden, wofern ſie nicht anders durch vivos Præ-
ceptores geführet würden.

Weilen aber auch den lebendigen Meiſtern
ihre Schrancken vorgeſchrieben, und Ziel ge-
ſetzt, wie weit, und weme ſie ſolche geheime
Kunſt offenbahren ſollen oder mögen, damit
ſie nicht Verbrecher des Siegels göttlicher
Geheimnis und dem Fluch aller Philoſopho-

rum

rum unterwürffig befunden werden, ist es beffer, hindan gefetzt alle Bücher und menfch= liche Lehrmeifter, die Natur allein anfchauen, derfelben wunderbare Würckung nicht al= lein in Herfürbringung der Metallen, fon= dern auch aller Erdgewächfen betrachten, ihre Circulation im Winter und Sommer, im Frühling und Herbft, zu Tag und Nacht, in Hitze und Wärme, immerdar vor Augen haben, und derfelben nachfinnen. Dann, wann dir gründlich bewuft, woraus und wie die Natur ein jedes in feine Wachfung, Blü= te, Frucht und Vollkommenheit bringet, wird dir auch hinfüro nicht fchwerlich feyn, die Hände Natur=gemäß anzulegen, und aus der Materia, welche die Natur in den Höhlen der Erden zu unterfchiedenen Gewächs= fen brauchet, auch dein Vorhaben ins Werck zu richten, und nach dem Wunfch zu voll= bringen.

Darum bitt ich dich, lieber Bruder, wol= left mir nicht vor ungut aufnehmen, fondern zum beften deuten, daß ich deine vorige Ar= beit, die du gethan, und noch täglich thuft in der Alchymie, fo gantz und gar verftoffe und verachte, dann ich thue dir warlich zum beften, weil ich weiß, daß kein Menfch in der gantzen Welt, fo mit folcher Arbeit (dar= innen du bift) werde etwas guts ausrichten, oder in der wahrhafftigen Verwandelung der Metallen, da du nachtrachteft, kommen können.

Dero=

Derowegen fag ich dir noch zum Ueberfluß,
daß du folcher Arbeit müffeſt müßig gehen,
und mir Gehör geben, dann ich ſchreibe dir
die wahre Wahrheit, die ich begehre für GOtt
zu verantworten, und iſt mir ohne Noth, die
Welt mit mehr Lügen anzufüllen, dann ihr
vorhin mehr als zuviel, durch unverſtändige
Leute, die ſelbſt in den natürlichen Wercken
der Natur blind geweſen, geſchrieben ſind,
dieſelben haben ſich durch falſche Bücher verführen laſſen, und an die ſophiſtiſche Arbeiten geben, damit ihr Haab und Gut verthan,
haben auch nichts zu der wahren Kunſt dienlich damit können ausrichten, ſind darinnen
gleich als im Labyrinth beſtecken blieben, und
an der Kunſt Wahrheit gantz und gar ver-
zweiffelt.

Dieſelben Leut ſind hernach fortgefahren, und
haben angefangen zu ſchreiben, gleichſam, als
ob ſie die Sache wohl verſtanden, oder groſſen Vortheil dadurch geſchaffet hätten, dannenhero ſie auch zu armen Stümplern worden ſind.

Dann, ſie haben ſo lange ſolviret, bis all
ihr Geld und Gut zerſchmoltzen und zergan-
gen, auch ſo lange ſublimiret, daß Töpffe
und Keſſel zum Rauchfange hinaus geflogen,
und ſo lange putrificiret, daß ihnen die Klei-
der vom Leibe abgefaulet: Auch haben ſie ſo
lange calciniret, daß all ihr Holtz und Kohlen
zu Aſche worden.

Das iſt nun, lieber Bruder, ihr Nutz
und

und Vortheil, den sie durch ihre schwere
Müh und Arbeit erlanget haben, darum laß
sie dir nochmals ein Exempel seyn, und stehe
ab von solcher sophistischen Arbeit, dann es
nicht der rechte Weg zu der wahren Kunst
der Alchymey, oder zu der wahren natürlichen Verwandelung der Metallen, sondern
es ist nur, wie vor gesagt, ein Weg zu der
Sophisterey, den Barbierern und Badern,
ihre Medicamenta dadurch zu bereiten, wovon sie ihren Gewinn können haben, dienlich.

Auch spührest du, wie sich viel unverständige Leute in die Alchymey begeben, als
Schuster, Peltzer, Schneider, auch verdor-
bene panquerotische Kaufleute und Bräuer,
die sich mit Unverstand etliche Jahr in der
Sudlerey martern, und zu Verwandelung
der Metallen nichts dienliches finden, so wollen sie alsbald grosse Aertzte seyn, machen viel
Plapperey mit ruhmredigen hochtrabenden
Worten, unterstehen sich vieler grossen Dinge, auch grosse Kranckheiten zu curiren, deren sie doch keinen Verstand haben, geben
unverständlich quid pro quo, Venena pro Me-
dicamentis, dadurch sie manchen Menschen
unter die Erde bringen, welches sie doch alles für GOtt zu verantworten haben, der sie
auch, wofern sie nicht davon abstehen, schwerlich darum heimsuchen wird. Aber von diesem gnug, weil mich die Sache nicht groß
angehet, dann die weltliche Obrigkeit wird

solchen ruhmredigen hochtrabenden Gesellen
wohl zu steuren wissen : Ich aber schreibe dir
solches nur zur Warnung, daß du sehest, wie
ungeschickt sie in der Medicina handeln, deren
sie keinen Verstand haben, das sie also auch
thun bey der herrlichen Kunst Alchymia , un#
terstehen sich der Kunst nachzutrachten, und
verstehen doch nicht das geringste Tröpflein
oder Pünctlein, was die Metallen sind, oder
wovon und woraus sie sind, wie sollen doch
die armen unverständigen Leute was guts
(den Sachen nützlich) ausrichten, das
doch unmöglich ist.

Derohalben sage ich dir fürwahr, so lang
du nicht recht gründlich die metallische Natur
erkennest, so lang ist dir auch unmöglich, daß
du die wahre Kunst der Alchymie verstehest,
oder zu der rechten wahren natürlichen Ver#
wandelung kommest, dann der Verstand
muß erst da seyn, ehe du die Sachen recht
kanst erfahren, dann alles, was du ohne
den Verstand in dem Weg zu der wahren
Kunst ergreiffest, ist alles Betrug und So#
phisterey, dafür ich dich treulich gewarnet
habe, und gesagt, daß der Wege zur Ver#
führung viel seyn, und mancherley, aber zu
der rechten wahren Kunst einsam und einig,
da auch nicht vieler Hand#Arbeiten, oder viel
Mühe vonnöthen sey.

Drum, lieber Freund und Bruder, sollst
du dich befleißigen Tag und Nacht, daß du
die metallische Natur recht lernest erkennen,
und

und darinn nicht feyreſt, ſo biſt du ſchon
tüchtig zu der wahren Kunſt, und erlerneſt
von dir ſelber, was die Materia, auch was
die rechte Arbeit ſey, da du dich dann wohl
auf verlaſſen magſt, alsdann wirſt du ſehen, was viel unnütze Arbeit du gethan haſt,
daß du dich gleichſam der groſſen Blindheit,
darinn du geſteckt, muſt verwundern.

Allda betrachte nun mit Fleiß, was die
metalliſche Natur ſey, auch aus was Urſa-
chen die Metallen ſind Metallen geworden,
dann ſie haben eben ſowol ihren Anfang und
Urſprung, als andere geſchaffene Dinge.

Gleicherweiſe, wie aus dem *Spermate*
des Mannes in mütterlichem Leibe durch
Kochung ein Kind *generiret*; Auch aus
dem Ey, durch die natürliche Brütung
der Hennen, ein junges Hünlein bereitet
wird: Alſo haben die Metallen auch eine
ſichere Subſtantz, davon ſie gebohren ſind.

Aber dannoch nicht alſo, lieber Bruder,
daß du ſolt verſtehen, oder in dem Argwohn
bleiben, gleichwie dich die falſchen Böſewich-
ter haben gelehret, daß ☿ und Sulphur die
erſte Materia der Metallen ſeyn ſolte, dann
man in den Adern der Erden, da die Metallen wachſen, weder ☿ noch Sulphur findet,
welches ſie ſchlecht zu einer Verführung erdichtet haben, und das wahre elementiſche
Feuer genannt Sulphur, und den Liquorem
Mercurium. Ebenermaſſen haben ſie das
elementiſche Feuer genannt unſer Solem, und
den

den Liquorem unser Lunam, damit sie die
Leute verleitet haben: Auch haben sie es genennet Spiritum und Animam, dem elementischen Feuer haben sie den Namen geben
Animæ, und dem elementischen Liquori Spiritus, darum, daß die elementischen Dinge
unsichtig sind: Ingleicherweise sind also Seel
und Geist, dann die Seel ist ein unsichtig
Feuer, und der Geist ist eine unsichtige Feuchtigkeit: Also haben sie dann das äusserliche
wesentliche Feuer und Wasser genannt Corpora, dieweil sie sichtiglich und greiflich seynd,
daraus die Laboranten die metallische Corpora
versiehen, und meynen dieselbe aufzulösen,
welches doch falsch ist: Dann, darum haben sie es genannt Corpora, daß diß augen-
scheinliche Wasser und Feuer fühlich und
greiflich seyn, und das elementische Wasser
und Feuer geistlich und unsichtig: Darum
laß dich von den spitzfindigen Alten nicht verleiten noch verführen, dann sie seynd subtil;
so du dich dafür nicht hütest, führen sie dich
in die Stricke, weisen dich auf die metallische Corpora, und meynen allein die metallische Essentiam.

Sie lehren und weisen vielerhand Materien und Substantien, da doch nicht mehr
dann ein einiger wahrer Weg zu der
Wahrheit dienlich ist.

Sie lehren dich vielerley Solutiones, Coa-
gulat. Sublim. Calcin. und Putrefact. die doch
nichts werth sind, und auch die Natur in
den

den Adern der Erden, da die Metallen
wachsen, derjenigen nicht gebrauchet, denn
die ehrwürdige Natur nichts anders thut,
dann daß sie das elementische Feuer kochet,
welches erhöhet und beståtiget wird durch seinen Liquor, den es jetzt verändert von einer
Natur in die andere, durch eine beständige
Kochung, wie ich dir zuvor gesagt habe,
daß alle Ding in drey Naturen sind getheilet
worden, wiewol die drey Naturen corporalisch unterschieden sind, nemlich vegetabilisch,
animalisch, und mineralisch, so sind sie doch
elementisch, oder ins verborgen, aus einer einigen Substanz entsprossen, sie haben alle eine einige Wurtzel, da sie alle von grünen
und wachsen, die von den Alten zu einer Verführung prima Materia, oder
Hyle ist genannt worden, dann es ist nichts
anders, als das verborgene elementische
Feuer mit seinem Liquor, welches die Alten
auch Radicalem Humorem genannt, daran
sie recht geredt, dann der Liquor ist eine
Wurtzel aller erschaffenen Dingen.

Daß aber diese Feuchtigkeit samt seinem
Feuer in unterschiedene Naturen getheilet
wird, geschieht durch keine andere Wege,
dann allein, wie gesagt, durch unterschiedene Kochung, die in der Natur geschehen,
dann eine Natur ist mehr mit seinem elementischen Feuer durch seine Feuchtigkeit gekocht, als die andere, darunter die vegetabilische Natur in der Kochung die geringste ist,

darum

darum daß ihre Essentia leichtlich verbrennt, und auch der Liquor sich leichtlich von dem elementischen Feuer (durch das schlechte Feuer) abscheidet.

Die animalische Natur ist in der Kochung der vorigen schier gleich, dann ihre Essentia
„ verbrennet auch leichtlich, darum ist die
„ mineralische Natur in der Kochung die
„ höchste, weil daß der metallische Liquor
„ mehr und besser durch die Kochung mit
„ dem elementischen Feuer ist vereiniget,
„ als die andern zwey Naturen, so zuvor genennet sind, derohalben auch die Metallen dem gemeinen Feuer besser widerstehen, als die andern Dinge, welche unter die vegetabilische und animalische Natur begriffen sind, wie dann augenscheinlich zu ersehen, daß die Metallen, wann sie ins Feuer gesetzet werden, nicht solche Flammen als das Holtz von sich geben, dann seine Essentia nicht also mit dem Liquor gekocht, wie die metallische Feuchtigkeit mit der Essentia gekocht ist, und auch die Vereinigung des Liquoris mit der Essentia nicht metallisch, sondern schlecht vegetabilisch, welche in einem schwartzen Rauch verzehret wird, gewesen: Aber nachdeme die Essentia durch die Natur in die Kochung gekommen, ist es nicht vegetabilisch geblieben, sondern ist nun metallisch geworden, und wird nun vom gemeinen Feuer in einem weissen Rauche ver-

O   zehret,

zehret, gleicherweise wie du siehest, daß, wann
die unperfecten Metallen im Feuer geschmol-
tzen werden, geben sie einen weissen Rauch :
Also wie nun die vegetabilische Essentia durch
die natürliche Kochung gereiniget, und von
dem schwartzen in einen weissen Rauch verändert, gleichermassen der Ursach halben
haben die alten Weisen gesagt, du must ehe
schwärtzen, ehe du weissest, darnach ehe weissen, ehe du roth machest : Die Rothmachung
aber ist zu verstehen, vollkommen und perfect
machen, gleich als Sol und Luna, die beyden
herrlichen Metalle, durch die Kochung sind
perfect worden, und ihre Essentia ist mit
dem Liquore gantz und gar vereiniget, und
ist mit einander eitel Feuer worden, welches von den Alten roth machen wird geheissen.

Derowegen sag ich dir, lieber Freund und
Bruder, laß dich der Alten Bücher, die so
gar verderbt geschrieben, nicht irren, sondern lerne schlecht die metallische Natur erkennen gründlich, so wirst du der Alten Gespräch leichtlich verstehen, und nicht mit andern Alchymisten hin und her gaffen, die
aus Sprüchen der Alten verstehen, oder
sich nur überreden, daß man müsse eine
Substantiam nehmen, die putrificiren und
dissolviren, bis die Materia schwartz werde,
darnach dieselbe so lang waschen, calciniren
und arbeiten, bis die Schwärtze vergehe,
und

und anfange weiß zu werden, und dann das
Feuer augiren, und so lang calciniren oder
arbeiten , bis die Materia roth werde ,
welches alles falsch, und keine philosophische,
sondern eine rechte sophistische Arbeit ist.
Also werden nun alle der alten Philosophen Sprüche in eine sophistische Ordnung
von den Unverständigen gedeutet, welches
die Alten zwar gar gerne gesehen, ja haben
alle darum also verdeckt gesprochen, damit
niemand recht könnte deuten oder verstehen,
was sie gemeynet haben : Sie weisen wohl
allesamt auf die Metallen, und gedencken
oft und viel des Mercurii und Sulphur, aber
doch alles zur Verführung.

Wiewohl dannoch die metallische Essentia
die rechte Materia ist, welche durch eine natürliche Kochung vom untersten bis zum
höchsten Gradu muß erhöhet werden, daran
haben sie für den Verständigen, die es recht
verstehen, wohl recht gesagt, aber den Un-
wissenden ist diß eine Verführung, weil sie
vermeynen, und aus der Alten Büchern
rathen, daß es aus den Metallen muß genommen werden, und sich alsdann damit
bemühen und martern, bis es perfect werde; dasselbe ist sophistisch, und auf Unwe-
gen gewandert, dann die metallische Essentia
ist von perfecten Metallen ohne Schaden
nicht zu bringen, Ursach, so man es durchs
Feuer wolte scheiden, so verfleucht der Li-

quor, und die Essentia wird mit der Erden verbrannt: Auch so man wolte die Essentiam der imperfecten Metallen durch starcke Wasser, Arsenicum, Aquam Vitæ, oder durch Laugen abscheiden, so würde die Essentia mit seinem Liquore, durch eine fremde Feuchtigkeit, die es nicht erleiden kan, corrumpiret, dann die metallische Art begehret nichts frembdes, kan auch nichts vertragen, oder so etwas frembdes mit dem metallischen Liquore sich vermenget, ist es schon aus seinem Gradu gewichen, und aus dem metallischen Wesen entzucket, und die sophistische Ordnung gestellet, dafür du dich hüten must.

Da du auch wollest die metallische Essentiam durch einige Wege von den perfecten Metallen abscheiden, ist dir dasselbige eben wohl unmöglich, dann der Liquor ist mit seinem elementischen Feuer vollkommen gekocht, und hat sich durch die Kochung mit der Erden also vereiniget, daß weder Feuer noch Wasser es scheiden mag.

So du aber durch Wassers fortes woltest scheiden, so solviret sich doch die Essentia mit der Erden, und coaguliret sich in derselbigen Gestalt darnach wieder, das es zuvor ist gewesen; und keine Feuchtigkeit kan sich mit der perfecten Metallen Feuchtigkeit oder Liquor vermengen oder vereinigen, daß es dieselben corrumpiren oder beschädigen könnte,

gleich

gleich als in der imperfecten Metallen ihrem
Liquore geschiehet.

Darum ist es unnöthig, daß du dich mit
dem viel bekümmerst oder bemühest, obschon
die Essentia mit ihrem Liquore in keinem
Dinge der Kochung näher, als in den Metallen.

Derohalben haben die Alten gesagt, es
sey in keinen Dingen lebendiger Sulphur,
dann in den Metallen: Also haben sie den
metallischen Liquor lebendig Silber genannt,
daran man sich nicht darf kehren, was sie
ihm auch für Namen geben, es ist doch
nichts, als der ausgespannte Adler, oder
das elementische Feuer, mit seinem elementischen Liquore, wie ich gesagt, der da muß
und soll mit seinem Feuer durch eine natürliche Kochung vereiniget werden, bis so lange die beyden unscheidlich seyn, dann der Liquor beschirmet das Feuer für der Verbrennung, daß sie also beyde beständig bleiben,
und in dem gemeinen Feuer verharren.

Dieses haben nun die Alten ein Elixir genannt, das ist so viel als ein gekochtes Feuer;
daran haben sie nun recht gesagt, und haben ihme den rechten Namen gegeben, dann
durch die Kochung wird vollbracht, und gar
gekocht, was zuvor roh und ungekocht ist
gewesen: Diß gar-gekochte ist dasjenige,
welches die imperfecten Metallen zerbricht

und

und en⬤öſet, darum daß ſie für dem Feuer nicht können beſtehen bleiben.

Derohalben laß dich in der Kochung Fleiß zu thun nicht verdrieſſen, weil alle Ar=beit, da die Alchymiſten ſo viel Sublerey mit haben, allein durch dieſe ſchlechte Ko=chung vollbracht wird; durch die Kochung reiniget es ſich ſelber, erhöhet und ſublimi=ret es ſich ſelber, löſet ſich ſelber auf, alle Dinge geſchehen durch die Kochung.

Derowegen iſt dir zu rathen, ſo iſt dir auch zu helffen, laß alle andere Putrefactio-nes, Solutiones, Coagulationes und Calcina-tiones oder Sublimationes fahren, dann ſie keinen Vortheil, ſondern Schaden bringen, führen auch dabeneben manchen Menſchen ins Verderben, dafür du dich wohl, forthin wirſt zu hüten wiſſen, weil ich dir aus ein=fältigem getreuen Hertzen dieſen Unterricht und Meynung habe zugeſchrieben, verhof=ſend, du werdeſt dieſe meine Meynung, auch was du nehmen ſolleſt, damit du das Werck vollbringen, und der Natur in der Kochung bequemlich folgen könneſt, wohl verſtehen.

Dann ich dir klärlicher und offenbarer die rechte, ſchlechte, wahrhafftige Wahrheit, oh=ne einige Fabeln und Parabeln, habe erkläret und beſchrieben, und meyne es gut mit dir, ſo wahr mir GOtt helffe.

Aber

Aber dannoch muſt du im Leſen fleiſ=
ſig nachtrachten, und wohl erwegen,
was ich dir allhier geſchrieben habe: Laß
dich auch daneben nicht wundern, daß
ich dich von dem gemeinen bößlichen We=
ge gantz und gar abweiſen thue, dann du
muſt dich gar auf einen andern Weg len=
cken, ſo du zur natürlichen Wahrheit be=
gehreſt zu kommen.

Wolleſt derohalben GOtt den Allmäch=
tigen emſig flehen und bitten, daß er dir
einen wahren *philoſophiſchen* Geiſt verleihen
und gönnen wolle, der dich das Licht der
Natur recht lehre erkennen, dadurch du
mögeſt zu dem Ende, darnach du ſo ſehn=
lich trachteſt, kommen.

PRIMA RESPONSIO

des F. R. C. an etliche ihnen zugetha=
nen abgelaſſen.

I.

Ein jeder begehret von Natur groſſe gold=
und ſilberne Schätze, Edelgeſteine und
Reichthümer, damit für der Welt hoch und
groß zu ſeyn, GOtt hat diß alles auch darum
geſchaffen, daß es der Menſch gebrauchen,
und ein Herr darüber ſeyn ſoll, dabey ſeine

gött=

göttliche Gütigkeit und Allmacht zu erkennen, ihn dafür zu ehren und zu dancken.

II. Ein jeder aber begehret dieselbe nur mit guten Tagen, wenig Mühe, ohne Gefahr und Arbeit an sich zu bringen, und wo sie GOtt hingeleget hat, wo er sie gesucht haben, wo er sie auch zu geben versprochen, allda will niemand darnach graben oder suchen.

III. Dergestalt, daß von wegen der langen Zeit, der Ort und Weg dahin den Menschen fast unbekannt worden, und dem mehreren Theil verborgen ist, also, daß dahin zu gelangen, nunmehr schwer, mühsam und gefährlich, jedoch nicht gantz unmöglich ist.

IV. Wann aber GOtt von seinem grossen Haufen nun nichts verborgen, sondern in dieser letzten Zeit, ehe das jüngste Gericht anbricht, den Würdigen geoffenbart haben will, wie Christus selbst (wiewohl sehr dunckel, damit es nemlich die Unwürdigen nicht verstünden) davon redet, da er spricht: Da soll nichts verborgen bleiben; So sind wir durch den Geist GOttes angetrieben, diesen des HErrn Willen der Welt zu verkündigen, massen dann in unterschiedlichen Sprachen allbereit von uns geschehen und publiciret ist. Es ist aber von dem grössesten Haufen, entweder übel auf- und angenommen, oder gäntzlich verachtet, und ohne GOtt von uns gesucht

ſucht worden. Sie meynen, man werde ſie
das Gold auf alchymiſtiſche Weiſe lehren kochen, oder ihnen geſchwind mit groſſen Schä-
tzen zu Gemüth laufen, und von dem unſern
mittheilen, ſo viel deſſen zu ihrem Pracht,
Hoffart, Krieg, Freſſen, Saufen, Un-
zucht, Wucher und anderen Sünden begierig, da ſie doch von jenen Zehen, da die
fünf Thörichten von den fünf Klugen Oel
begehreten, billig ein Exempel nehmen ſolten,
daß es auf einem gantz andern Weg, und durch
eines jedweden eigenen Fleiß und Eifer, durch
und in GOtt müſſe erworben werden.

V. Wie wir dann ſolcher Geſellen Gemüth
aus göttlicher Offenbarung und aus ihren
eigenen Schriften bald erkennen, daher unſere Ohren, für ihrem Blaſen und Schreyen
nur nach vergänglichem Golde, gleich als mit
einer Wolcken verſtopfen, und ſie vergeblich
rufen laſſen, woraus dann viel Scheltens
und Schmähens (davon jetzt nichts zu melden) gegen uns gehöret wird, welches GOtt
zu ſeiner Zeit ſchon wird wiſſen zu rächen.

VI. Demnach wir dann euer beyder Fleiß
und Eifer, welche ihr auf das rechte Erkenntniß GOttes und Lehre der Heil. Bibel wen-
det, ſchon längſt (wiewol es euch verborgen)
aus eurem Schreiben vernommen, ſo haben
wir euch auch für viel tauſenden dieſer Antwort würdigen ſollen. Und vermelden euch
dem-

demnach aus göttlicher Zulassung, und des
Heil. Geistes Ermahnung, dieses:

Da liegt im Mitten der Erden, oder Centro Mundi, ein Berg, der ist klein und groß,
mild und weich, auch über die massen felsicht
und hart, einem jeglichen nahe und ferne, aber
aus göttlichem Rath unsichtbar.

VII. In demselben liegen die grösseste Schätze, die die gantze Welt nicht vermag zu bezah-
len, verborgen. Allein er ist aus Neid des
Teufels, der allezeit GOttes Ehre und des
Menschen Glückseligkeit verhindert, mit vielen grimmigen Thieren und Raub-Vögeln
umringet und besetzet, welche den Weg, der
ohne das sehr finster ist, überaus gefährlich
machen. Daher man bis annoch, weil die
Zeit nicht fürhanden gewesen, denselben weder gesucht noch finden können, jetzt aber von
den Würdigen, wiewol nicht ohne eigenen
Fleiß und Mühe, gefunden werden muß.

VIII. Zu diesem Berg müsset ihr gehen bey
Nacht, und zwar, wann sie am längsten und
finster ist. Darum machet euch dazu mit einem andächtigen Gebet fein gefaßt, von Hertzen geschickt und fertig. Fraget nach dem
Weg, wo der Berg auszuspühren und zu finden sey, keinen Menschen, sondern folget getrost dem Ductori oder Leitsmann, der sich
bey euch befinden, und euch auf dem Weg
begegnen

begegnen wird, wiewohl ihr ihn nicht kennen
werdet, der wird euch ungefehr in der Nacht,
wann alles still und finster ist, dazu bringen.
Aber ihr müsset euch mit einem Helden=und
mannhafften Gemüth waffnen, damit ihr für
dem, der euch auf dem Wege begegnen wird,
nicht erschrecket oder zurück weichet. Jedoch
bedürfet ihr dazu keines leiblichen Schwerdtes
oder Waffen, nur rufet GOtt immer fleißig
und andächtig an, sprecht die Worte, die euch
der Ductor vorsagt, fleißig nach.

IX. Wann ihr dann den Berg sehet, so ist
diß das erste Wunderzeichen, das vorher ge=
hen wird, ein starcker Wind, der den Berg
sehr zerreissen und die Felsen zerbrechen wird.
Ferner werden euch Löwen und Drachen und
andere abscheuliche Thiere begegnen, und schreck=
lich und grausam gegen euch toben. Aber
fürchtet euch nicht, stehet fest und sehet nicht
zurück, dann euer Leitsmann, der euch dahin
führet, wird euch kein Leid wiederfahren lassen.
Damit ist aber der Schatz noch nicht entblö=
set, wiewohl er gantz nahe ist.

X. Bald auf den Wind wird folgen ein
grosses Erdbeben, welches dann vollends, was
durch den Wind übrig geblieben ist, wird
richtig und eben machen. Aber sehet doch
nicht zurück.

XI. Auf das Erdbeben wird dann folgen
ein

ein heftiges Feuer, ein △ der Liebe, welches
alle irrdische Materien voran verzehren, und
den Schatz entblösen wird, jedoch werdet ihr
ihn noch nicht können sehen.

XII. Aber nach diesem allen, und nahe bey
dem Morgen, wird es gantz still und lieblich
werden, auch bald der Morgenstern aufgehen,
und die Morgenröthe heranbrechen, darauf
werdet ihr dann des grossen Schatzes gewahr
werden. Dabey das fürnehmste und grösseste
ist, eine sehr hohe Tinctur, womit die gantze
Welt (wanns möglich und es GOtt gefällig,
sie es auch würdig wäre) könnte tingiret, und
in das höchste Gold verändert werden.

XIII. Dieser Tinctur gebrauchet stets, massen euch solches der Wegweiser lehren wird,
selbige wird euch wieder gesund und jung machen, dergestalt, daß ihr an keinem Glied einige Kranckheit mehr empfinden werdet.

XIV. Bey dieser Tinctur findet ihr alle
Edelgesteine, die auf der Welt zu gedencken
sind. Ihr sollet aber davon selbst nichts nehmen; sondern allerdings zufrieden seyn mit
demjenigen, das euch der Wegweiser davon
mittheilen wird, ihm dafür allezeit hertzlich
dancken, und euch fleißig hüten, damit für
der Welt zu prangen, oder sonsten es anzuwenden, da es GOtt zuwider wäre, hingegen aber wohl zu gebrauchen, und zu besitzen,

als

als hättet ihr nichts. Ferner seyd mäßig, still
und eingezogen, und hütet euch, so viel immer möglich ist, für allen Sünden, sonst wird
euer Bruder, der Leitsmann, sich von euch
wenden, und ihr werdet dieser Glückseligkeit
wieder verlustig werden. Darum wisset dieses zu guter Ermahnung: Wer dieser Tinctur
mißbraucht, für der Welt nicht exemplarisch,
und für GOtt rein und aufrichtig lebet, derselbe verlieret sie, und hat wenig Hofnung,
dieselbe wiederum zu erwecken.

XV. Wann ihr euch nun zu diesem Weg
fertig macht, und einen starcken Trieb findet,
so macht euch ungesäumt auf, es wird sich der,
so darzu von uns erbeten, und euch zu beglei-
ten angeordnet ist, schon unterwegs zu euch
fügen. Dann müsset ihr ein Gelübde thun,
euch zu der Fraternität zu verfügen, und beständig bey ihr zu verharren, solches keinem
Unwürdigen ohne eures Ductoris Bewilli-
gung zu entdecken, ihme in alle Wege getreu-
lich nachzufolgen, auch das alles fleißig zu thun,
was er euch lehret und saget, davon weder
zur Rechten noch zur Lincken abzuweichen;
sondern euch allerdings nach ihm zu richten.
Dieses sollet und müsset ihr versuchen, dann
euer Gebet und sehnliches Verlangen zu GOtt
ist erhöret, und seyd samt eures gleichen dieses
Schatzes theilhaftig zu werden von GOtt
gewürdiget. Seyd frölich und getrost und
überaus sorgfältig. Verlaffet euch nicht auf
euch

euch selbst, sondern auf euern Leitsmann, hal=
tet euch unsträflich gegen ihme, dann er ist eine
würdige Person, thut nichts ausser ihm, sein
Wissen oder Willen: Dann er wird euch,
wo ihrs nur begehret, beystehen, euch nicht
verlassen, und wo unser Convent anzutreffen,
treulich berichten, auch von unsern Satzun=
gen und Ordnungen, welche euch zu unter=
halten höchst vonnöthen, gnugsam Unterricht
geben, euch auch geleiten, bis alles vollendet
und offenbaret werde, der Löwe das Reich ein=
nehme, und der Welt=Lauf ihr Ziel und End=
schaft erreiche. O glückselige, würdige und
geliebte Brüder in unserm einigen Sinn! dan=
cket GOtt Tag und Nacht für seine Gnade,
seyd nicht sicher, sondern ehret euern Docto=
rem und Dictatoren, folget ihme in allem,
das er euch lehren wird, und wir euch nicht
schreiben können. Bedenckt, wozu ihr kommt,
auf daß ihr euern Doctorem nicht betrübet,
er sich von euch abwende, und ein böses Ge=
rücht von euch anbringe.

GOtt unterhalt euch.

E. D. F. O. C. R. Senior.

SE-

SECUNDA RESPONSIO
des B2. des R. C.

I.

Ich trete in die sieben Circul des Himmels, begreife mit meinen Gedancken
den obristen, und stehe mit meinen Füssen
auf dem untersten Circul.

II. Wann mir der Mondenschein die Augen verblendet, ich darüber strauchele, falle,
und ein Bein breche; so mache ich mir eine
Steltze und gehe langsam, das ist meinem
innerlichen Saltz ein Balsam, welcher mich
wiederum heilet. Aber, wann ich schwitze,
so gehet ein süsses liebliches Wasser aus meinen Poris, wie Milch und Honig. Alsdann
verbrenne ich meine Steltze zu lauter Aschen.
Wann die Asche glüet ohne Rauch, dann
giebt des Königs Fontain Gold-Flammen von
sich, und alsdann fallen drey in die Fontain,
und erwecken eine Finsterniß der Welt, bis
der Mondschein wieder durchbricht und helle
wird.

III. Die Nacht ist vergangen, die Sonne
giebt ihren Schein, die Tage des HERRN
nahen herzu, der Himmel wird lauter Feuer,
und zündet die gantze Welt an.

IV. Alle

IV. Alle vier Elemente zerſchmelzen, und wird ein neuer Himmel und Erde gebohren.

V. In dieſen kurtzen Worten iſt der Schatz der Welt begriffen, womit eure Begierde wird erfüllet.

VI. Diß hat unſere Brüderſchaft ohne alle Vergeltung euch mitgetheilet. Aber ſtellet euch auf Chriſt-Tag bey St. Peter wieder in unſern Orden ein, ſo wird euch das B. T. auch folgen.

E N D E.